# 日本のクラシック音楽は歪んでいる

## 12の批判的考察

森本恭正

光文社新書

# はじめに

「変ねぇ。なんか合わないわねぇ、森本君が入ると」

小学生の私が、同級生の子から投げかけられた言葉だ。吹いていたのは、学校から買わされた廉価なエボナイトのリコーダー。私は特に上手だった。しばしば、先生の代わりに吹いた。指名されたことの嬉しさより、ああ、これで、あの先生の固く割れた音を聴かなくて済む、という安堵感の方が強かった。そんな私だから、自分が入ると合奏が合わないと言われて、仰天した。

「君、何言ってるんだ」

と言い出しそうになったが、一方、「合奏が合わない」という事もわかっていて、慌てて口を噤《つぐ》んだ。誰も自分の笛についてこなかったのだ。やはり、悪いのは僕なのだろうか……。

このもどかしさは、私に纏《まと》わり付いて離れなかった。

それは、少年時代を経て、藝大と桐朋《とうほう》と二つの音楽大学へ入ってからも、また、十代で作曲家三枝成彰氏との出会いがあり、一応プロの指揮者として、ＮＨＫで彼の劇音楽の指揮を始めてからも、その後オペラを含む数々の現代作品の指揮や演奏で、邦楽からロックまで極めて多岐にわたる音楽家との共演を重ねながらも、ずっと続いた。

そして、二十代の終わりに私は米国へ渡る。もう一度指揮と作曲の勉強をし直す、というのが表向きの理由であったが、実際、日本での経験を破棄してまで留学した本当の理由は別にあった。日本で音楽活動をすればするほど生じる齟齬《そご》感にただただ疲れていたのと、そもそも、あの時、合奏が合わなかった原因は本当に自分なのか、それが知りたかったのだ。

南カリフォルニア大学大学院での音楽生活は、夏の間の語学集中講義で言葉の問題をほぼ解決したあたりから、極めて快適なものになった。私の音楽的主張は、指揮科のダニエル・ルイス（Daniel Lewis）教授にも、他の学生たちにも、拍子抜けするほどすんなり受け入れられた。指揮をしても、アンサンブルでピアノを弾いても、また、昔取った杵柄《きねづか》とばかりに、古楽器奏者とリコーダーを共演しても、「Morimoto が入ると合わない」などと言われたことは一度もなかった。だが同時に、米国、殊に、私のいたロス・アンジェルスの生活では、ヨーロッパ音楽の本質に迫る事は難しいとも感じていた。

　よそ者としてこの町に来て、
　よそ者として、再び去ろうとしている

シューベルト（Franz Peter Schubert）の歌曲集『冬の旅』の冒頭である。この主人公の境涯をなぞるかのように、彼はモラヴィアとシレジア（共に現在のチェコ）出身の両親のもとにいわば「よそ者」としてウィーンに生まれた。生前、作曲家として十分に認められ、千曲以上の作品を残したものの、成人後は梅毒に苦しみ、ある時は自分を世界一不幸な身であると嘆き、独身のまま三十一歳で亡くなった。
　このシューベルトの、暗く鬱屈した、しかし人間の本質をじっと見詰めて慰《い》撫《ぶ》するような歌は、南カリフォルニアの眩しく青い空のもとで、どんなに想像力を膨らませても聴こえてこないのだ。

　二年後。

私はウィーンに移り、ウィーン国立音楽大学（現ウィーン国立大学音楽学部）に籍を置き、指揮者オトマール・スウィトナー（Otmar Suitner）教授のクラスに聴講生として入った。学生の身分保障を手にして、その後三年ほど、大学には週に一、二度顔を出すのみで、専《もっぱ》ら様々なリハーサルに通い詰めた。

しばらくして、ウィーンで活躍する多国籍の若手演奏家を集め、作曲と指揮活動を開始するのだが、当時ウィーンにいたヴァイオリンの久保田巧氏や、糸井真紀（現糸井マキ）氏のような国際的ソリストの奏者をはじめ、私は、非常に優秀な演奏家に恵まれた。彼らのうち何人かは、現在もウィーンフィルハーモニーやＲＳＯ ＷＩＥＮ等で活躍している。爾来《じらい》三十五年、シューベルトには及ぶべくもないが、それでも二百曲以上の作品を書き、そのほとんどをヨーロッパで初演してきた。作曲コンクールの審査員（ヴィトルト・ルトスワフスキ国際作曲コンクール）にも二度就任。しかしいつも頭の隅にあったのは、私が海外へ渡った本当の理由、小学生の頃のあの「仰天」に端を発し、日本で感じていた複雑な齟齬感に対する疑問であった。

間違っているのは自分か、それとも周りか。

この問いの答えを示す事で、クラシック音楽の本質を解くことができるのではないかという予感が、二十年を超える歳月をかけて、確信へと変わっていった。それが本書執筆の動機である。

唐突だが、私たちは１＋１＝２であると習ってきた。そして、その定義に沿って生活している。だから、リンゴを２個買ったら２個分のお金を払う。しかし、ここに１＋１＝２ではないかもしれないと主張する人が現れ、だからいくら払ったらよいかわからないので、一緒に考えようと言われたらどうするだろう。店を閉めて一緒に考えるか、その人物を追い出すか。

人は見たいものしか見えず、聞きたいものしか聞こえないといわれている。そしてその見たいもの、聞きたいものに対して教育が落とす影は大きい。私たちは三拍子は一拍目が強いと習ってきた。今でも確実に全国の小学校ではそのように教えている。

だが、それは違う、三拍子は三拍目にアクセントがくるのだ、今まで弱拍と教わってきたものは、すべて強拍なのだ。と、日本の西洋音楽理解を根底から覆す概念を多角的に論じたのが、二〇一一年に光文社から上梓した拙著『西洋音楽論』である。あれから十二年経った。が、いまだに私の考えが人口に膾炙《かいしゃ》したとは言い難い。だが、それでもまだ私は店先に留まって、議論を続けている。

二〇二三年の九月、たまたま私はウィーンでこの「はじめに」を書いた。そんなある日、かつての教え子で、ウィーン大学大学院で音楽学を修めた人物に会った。彼女は『西洋音楽論』の主論である、西洋音楽は基本的にupbeat（裏拍・弱拍）が強いという点に、ずっと懐疑的であったという。これからカフェでもと誘ったその路上で、待ちきれないとばかりに差し出されたのが、二十年前に博士課程にいた彼女が記した、バロック時代の舞曲に関する講義ノートである。

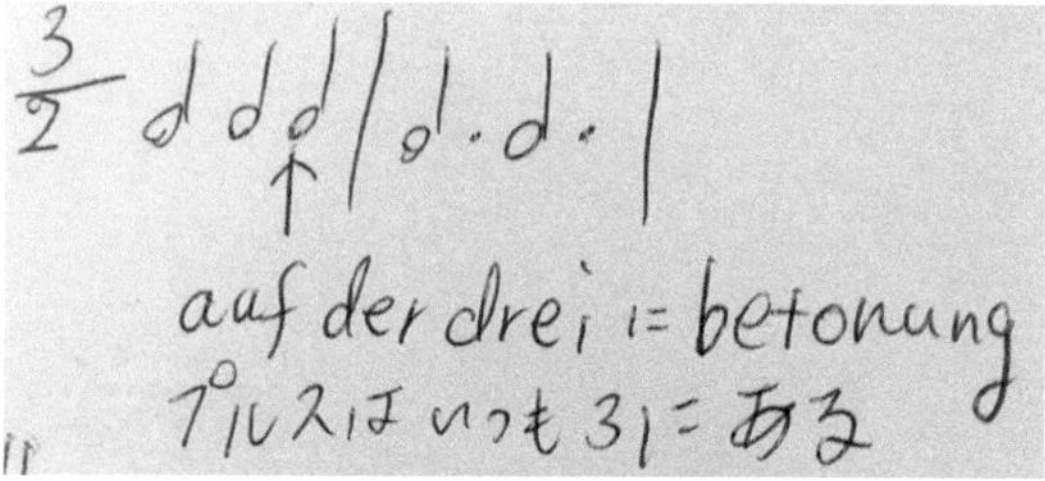

3拍子のリズム・ウィーン大学講義ノート

「私、ちゃんと習ってたのですね……」。そこには、三拍子は三拍目が強調される（auf der drei に betonung）と明瞭に記されていた（プルス＝puls＝拍）。

本書は『西洋音楽論』の続編として読んでもらっても構わないし、その後アルテスパブリッシングから南博氏との共著で上梓した『音楽の黙示録』を補完する書として読んでもらっても構わない。実際、ここはどうしても再度強調したいという箇所は、この二つの書から直接引用している。

ただ、今回、図らずも、日本のクラシック音楽界の過去から現在まで、その関係者ほとんど全てに対して諍《いさか》う書となった。実際、彼らが読んで心地のよい記述はあまり出てこないかもしれない。すでにこの前書きで一定の読者を失っている可能性もあるだろう。

だが、プロ、アマを問わず、あるいはリスナーとしてでも、これから音楽の海に泳ぎ出そうとしている若い人々にこそ読んでもらいたい。先入観と因習にとらわれずに飛び込めば、イルカのように流麗に泳ぐ方法があるという事がわかるはずだ。

# 日本のクラシック音楽は歪んでいる——目次

# 批判1

## 日本のクラシック音楽受容の躓き

## ウィーンではすべてが五十年後に起こる

「もし、世界の終わりが来るのなら、私はウィーンへゆく。あそこでは、すべてが五十年あとに起こるから」。百年以上前、作曲家グスタフ・マーラーが残した言葉だ。

二〇二二年の暮れ、私は二年半ぶりにウィーンにいた。ウィーンにも居宅があるので、正確には戻ってきたと言った方がよいのかもしれない。二〇一九年から世界中で猛威を振るっている新型コロナウイルスのため、不在を余儀なくされていたのだ。これほど長い間ウィーンを空けたことは過去になかった。

空港から列車で市街へと向かう、その車窓から見える光景に、私は、まるで昨日までそこにいたかのような錯覚にとらわれていた。灰色の壁が続く街並み、消されずに残された黄色い落書きの前をモノトーンな服で足早に過ぎ行く人々。駅舎を出ると、その思いは一層増してくる。目の前を横切って走る路面電車を待つ間、耳馴染んだドイツ語のざわめきが聞こえてくる。それらすべてが、二年半前と変わらない速度で流れていた。二年半前どころか、思いを凝らせば、きっと十年前、二十年前とも何ら変わらない姿のまま、それらはずっと、そこに存在していたに違いない。ウィーンで何かが起こるには五十年の歳月が必要なのだと、マーラーは皮肉を込めて言ったのだろう。

## 歪められた新即物主義

マーラーが死んで数年経って、ヨーロッパでは戦争が始まり、その戦争は一九一八年に終わる。直後にドイツに現れたのが、新即物主義（Neue Sachlichkeit）という芸術主潮だ。それは、表現に抑制をかけ、社会の現実をあるがままに投影した絵画や写真の数々によって代表された。

この新即物主義はすぐに、音楽演奏上の表現にも影響を与える。楽譜に書かれた音符は、正確に、そして忠実に再現することが要求され、ピッチや音程[*1]は勿論、テンポやリズムの正確さがことさら重んじられた。音楽は、ゼンマイ仕掛けの時計のようにカチッカチッと進み、テンポは大きく揺れない。それはある意味、ロマン派後期を謳歌した、作曲家の意図を逸脱した放漫な表現にブレーキがかかったともいえるだろう。あたかも、自由に泳ぎ回っていた水の分子が凍って、個体となって静止させられたかのように、演奏は一見お行儀よく整列した。その結果演奏から生気が失われ、ついには名演奏家たちの「角《つの》を矯《た》めて牛を殺す」ようなことには……否、この時期に欧米で残された録音を聴く限り、まったくそうはならなかったのだ。正確なリズムと拍節を刻みながらも、分子が実は微細に振動しているように、フレーズの内で音は微妙に、何かを語るかのように揺れ、そこから音楽は溢れ出てくる……丁度今私が聴いているのは、フランスのピアニスト、イヴ・ナット（Yves Nat）の演奏だが、しかし、この微妙な揺らぎが当時の日本人演奏家にわかっただろうか。

　新即物主義の演奏とは、殊に日本では、ひたすら楽譜に忠実に、いわばメトロノームが内蔵されているかのようにきっちりくっきり弾く。そのように理解されているのが当時も今も一般である。この状況はしかし、そもそも表現する能力に欠けた演奏家にとって、自らの非力さを隠す絶好の隠れ蓑《みの》ともなったのではないだろうか。なぜなら、演奏家に、何をどのように表現するかという、楽譜から掘り起こしたその人物ならではの個性の表出がなくても、とにかくテクニックさえ身に着けて、譜面を正確に弾けば、評価されたのだから。

　こういうと、テクニックのみからでも、音楽性は出てくるものだという反論をまま聞くことがある。実際チェリストのカザルスも、音楽性というものは、きちんと正確に譜面を追って弾いていれば、自然に出てくるものだ、という旨のことを言っている。が、それは演奏家の側に、カザルスのような非凡な才能がすでに備わっていればの話だ。多くの、非凡というカテゴリーの外にいる者に当てはまることではないだろう。

つい最近も、ある著名な国際コンクールで、出場者の一人が弾くピアノ演奏の速さを日本人審査員が称賛したところ、「音楽ってそういうものではないでしょう」と他の審査員からたしなめられたという逸話を聞いた。

いかにも、まさに西洋音楽とは、そういうもの、つまりテクニックの競争ではないのだ。示されねばならないのは、速度とか重さとか量で測ることのできない表現者の主張なのである。

考えてみれば、測ることのできないものに順位をつけるという、コンクールという存在自体、自己矛盾を孕《はら》んでいるのだが、それはともかく、この新即物主義の時代に、ピアノの井口基成をはじめ、日本の西洋音楽の土台をつくった人々の多くがヨーロッパで学んでいる。

＊1　音楽用語でいうピッチとは、音の高低の具合をいう。例えば、「この楽器のピッチを全体に下げてほしい」とか「彼のあの音のピッチが上がってしまった」とか「第一ヴァイオリン全体のピッチが揃っていない」というような使い方をする。一方、音程とは二つの音の高低の隔たりをいう。よって、「ヴァイオリンとヴィオラの音程が合っていない。どちらのピッチが正しいのかわからないが」というような使い方。よく一般に「彼女の吹くフルートの音程が悪い」というような言い方をするが、フルー

トは通常単音しか出ないので、ここは（細かいことを言えば）「ピッチが悪い」と言う方が正しい。

## 思い込みの西洋音楽

彼らはまるまる受け身の状態で海を渡った。

一九二〇年代、井口も在籍していた東京音楽学校（現東京藝術大学音楽学部）のピアノ科では、バイエルを弾いていた学生がいたというのだから、そのレヴェルを考えれば想像に難くないが、おそらく、彼らの中に、音楽で何かを主張しようという意識があった者はいなかっただろう。というより、演奏家として、音楽で何かを主張できるレヴェルにあった者がいたとも考えにくい。それでも、自己顕示欲だけは大きく膨らませてヨーロッパへ渡った。

その彼らの前にたまたま現れたのが新即物主義だったのだ。それは、長い西洋音楽の歴史のうち、二十世紀の二つの大戦の間、いわばあだ花のように咲いた、いっとき主流になっただけの芸術主潮に過ぎなかった。にもかかわらず、彼らはそれを、ゼンマイ仕掛けの玩具を、親と間違えてそれについてゆく子鴨のように、西洋音楽の本質だと思い込んだのだ。当然ながら、彼らが見逃し、聴き逃し、誤解し、吸収し得なかったものはあまりにも多かった。西洋音楽の歴史、理論、哲学。ルネサンスの思想とは何か、バロック音楽でその何が変わり、何が生まれたのか。

バロック音楽の表層を飾った装飾に、古典派は抑制をかけ、音楽の形式が整っていく。そしてロマン派が開花する。二十世紀初頭、そのロマン派の先に用意されていた近代音楽の世界に、井口基成を筆頭に、後に日本音楽界の重鎮となるような人物たちは、基礎的な音楽レヴェルをかろうじて身に着けただけの、いわば丸腰のまま送り込まれたのだ。

前述したように、二十世紀初頭の日本の音楽教育状況を考えれば無理もないが、彼らは、西洋音楽に対してあまりにも無知であり、非力であった。それゆえ、その背後にある思想へと考えを巡らす余裕はなく、当時のヨーロッパを席捲していた、新即物主義という新主潮を検証する術《すべ》も持たなかった。したがって、この新しい流れが音楽演奏にもたらしたある側面、すなわち、譜面に書かれてある指示通りに正確に弾くことを、西洋音楽とは正にそのようなものであり、そのように演奏されるべきだと、思い込んだのだ。

## 技術偏重主義

かくして彼らの帰国後、クラシック音楽演奏における技術偏重主義が、日本へと直輸入されることになる。彼らは、わずか二、三年の滞欧期間にもかかわらず、帰国後あたかも西洋音楽の旗手であるかのような扱いを受け続け、音楽教育者として先頭に立った。

彼らの旗振りのもと、とにかく譜面に正確に弾く、という、クラシック音楽の技術偏重主義は、義務教育を通じて全国に広まり、クラシック音楽の堅いイメージとして定着していった。その影響は、技術はあるが個性に乏しいという日本人演奏家のステレオタイプとして、現在まで根強く綿々と続くことになる。

一方、彼らが獲得した地位や名声に反して、彼らの中から、西洋音楽の核心をついたような発言、言い換えれば、即刻翻訳して逆にヨーロッパに伝えたいような理論や思想が出現することはなかった。

戦前戦中戦後の出版物を見てみると、第二次大戦直後は、政府による検閲が終わり、出版界は一気に隆盛を極めたかのようなおもむきが感じられる。だが実際、西洋音楽関係で書かれたものの中身を覗いてみると、概《おおむ》ね欧米における楽壇の報告か、楽曲作品解説の域を出ていない。それらは、戦前、戦中に欧米との様々な意味でのコンタクトが可能であった者からの、庶民の口には到底はいらない、いわば輸入食品紹介のような様相を呈している。へーえ、そんなもの食べていた（聴いていた）のか、とため息交じりに当時の音楽雑誌からコンサートの告知を拾う。

一九四九年四月三時（日にち未定）
プロコフィエフのピアノコンチェルト第三番
日比谷公会堂

まだ焼け跡の残るこの時期、プロコフィエフを聴きに行く人たちっていったい誰だろうと、素朴な疑問が湧く。しかも、占領下に土日のコンサートはほとんどなかったから、これは平日の午後である……。

## 楽譜校訂とは何か

その日、日比谷でコンチェルトを弾いたのは井口基成である。翌年、彼はバッハやベートーヴェンをはじめ膨大な数のピアノ曲を「校訂」し、春秋社より出版を始める。それらは、日本では半世紀以上にわたってピアノ楽譜のスタンダードとなった。一九六〇年代、輸入版の楽譜の入手はまだまだ困難で、それゆえ、どの輸入版を選ぶかの知識も情報も不足していた頃、春秋社の井口版はすでにひとつの権威であった。

「〇音版なんか使ってるの？　バッハは春秋社版じゃなくちゃ」

誰に言われたのか、こまっしゃくれたクラスの女の子だったか、私は、ようやく手にした大人用のくすんだ緑色をした〇音版の楽譜を、隠すようにして抱え込んだのを覚えている。その屈辱を振り払うかのように、ほどなくして白い春秋社の井口版を買った。そしてそれは私を、権威というクラシック音楽の階段をやっとひとつ上がったような気にさせた。黒々と英文で印字されたＭＯＴＯＮＡＲＩ　ＩＧＵＣＨＩという名前は、遥か遥か遠く、輝いて見えた。

だが、井口版といわれるこれらの楽譜が、欧米でピアノ学習者のスタンダードとなったことはついぞなかったのだ。

そもそも、すでに亡くなっている大作曲家の作品を校訂するとはどういうことなのか。まず、もしそれらが現存していれば、当然その自筆譜を探し出し、調査する。ここでいう自筆譜とは、作曲家自らが書いた手書きの譜面である。J・S・バッハのように美しく読みやすい自筆譜もあれば、ベートーヴェンのように乱雑な譜面もある。が、それは大きな問題ではない。インターネットのない時代、自筆譜にたどり着くまでが、大変な苦労なのだ。目の前にベートーヴェンの自筆譜があれば、研究者なら何としてでも読む。

## 自筆譜を前に

一九八七年の夏の約三か月間、私はウィーン市立図書館の一室で、シューベルト八重奏曲の自筆譜を、実際手にしていた。週日の朝九時から十二時まで、毎日ひたすら彼の自筆譜を筆写した。そのようなことをした契機が何であったのかその詳細は思い出せないが、いずれにせよ、出版譜からは読み取れない何かを、自筆譜の中に探しに行ったに違いない。

分厚い、ゴツゴツした手触りの、薄茶色の紙に書かれた自筆譜のもつ凄みは、これはシューベルトが書いたものだとわかって手に取っているという事を差し引いても、津々《しんしん》と伝わってきた。のみならず、読み込むうちに、当時の私の音楽力では到底説明できない、いくつもの疑問点に遭遇して、それらを前に、頭をくらくらさせながら図書館を出たのを覚えている。

「わからない。なぜ、ここは○○なのか。しかし、これは正真正銘シューベルトが書いたものなのだ……」

問題の解を見つけられない自らの非力さを痛感するとともに、偉大な作曲家の作品を校訂するなどということは、想像を絶する仕事なのだと、独り言《ご》ちていた。

## 楽譜の成り立ち

西洋音楽というのは、まずもって相当に論理的に組み立てられている。そして、楽譜は演奏するための設計図に等しい。楽譜が設計図なら演奏家はさながら大工だろう。設計図をいくらながめていても大工がハンマーを振るわなければ家が建たないのと同様、楽譜だけでは、たとえそれが、どんなに優れた作曲家が書いたものであっても、実はただの紙片に過ぎない。演奏家抜きには、そこから音は一音も出てこないからだ。

そして、演奏家に対する指示が、オタマジャクシと並んで様々な記号とともに書かれているのが、西洋音楽の楽譜である。その指示は一定の論理性を保つことが求められる。同じ扉につける蝶番《ちょうつがい》なのに、場所によって支える釘の数が違っていては困るのだ。

しかし、いかに著名な作曲家といえども、書き間違いがある。もしくは書き間違いかもしれない部分がある。自筆譜（設計図）には釘が二本と指示されているけれど、同じ材料の隣室の扉には三本の釘でと書かれている。これは大作曲家の間違いか、もしくは意図したものなのか。意図したとしたらその理由はどこにあるのか……。

実は、このような例は頻出する。そのたびに校訂者は彼（女）の全音楽知識を動員して当該作曲家の膨大な作品との比較検討をはじめるのだ。

再び音楽作品を家に置き換えて言うと、作曲家は似たような家をいくつも設計する。ハイドンは交響曲を百八も書いているし、ベートーヴェンはピアノソナタを三十二も書いた。もし、作曲家の設計した、例えば「ソナタ」という家の設計図のひとつに、扉に使われる釘の数が抜けていた場合、数百数千を超える似たような扉に、その作曲家は釘を何本指定したのかを調べるのだ。そしてもし、自筆譜が現存せず、作曲家が目を通した出版譜もない場合、初期の出版譜面を探し出し、その校訂に当たった当時の校訂者が、当該箇所をどのように判断し、どのように処理したのか、校訂された時代の音楽様式や音楽主潮を考慮しつつ調査検討する。

インターネットはもちろんコピー機すらない時代、右に記したような譜面を所有する図書館を突き止めたとしても、その図書館に依頼してコピーを送ってくれ、などとは頼めない。直接行くしかないのだ。したがってこれは、まさしく欧米の図書館を渉猟《しょうりょう》する作業になる。とても日本にいてできることではない。

## 誰も、検証してこなかった

井口基成は一九三〇年十一月、東京からシベリア鉄道を経由して陸路ヨーロッパに渡った。もっとも、当時弱冠二十二歳の井口に、楽譜の校訂をするなどということは、頭をよぎりもしなかっただろう。留学の目的はピアノ演奏の習得だった。翌三十一年より前出のフランス人ピアニスト、イヴ・ナットからパリでレッスンを受けている。だが、三十二年十一月には洋上帰国の途についているので、滞欧はわずか二年弱である。帰国後、第二次世界大戦という大きなブランクを挟んで一八年経った一九五〇年、春秋社という主に宗教系の書籍を出していた出版社から、井口「校訂」の楽譜出版が始まる。その中から、『BACH Ⅳ二声部インヴェンション』を見てみる。

私が今手にしている春秋社一九六二年発行の第八版には、Edited and revised by Motonari Iguchi（井口基成編集・校訂）と英文で書かれている。が、しかし井口自身が編集者もしくは校訂者として、その意図を述べた言葉はない。「原本（ママ）ではこうだ」「ツェルニー版ではこうなっている」等の注釈はあるが、ではいったいこの井口版は何を基に作られたかの記述がない。ドイツ語と英語が混在している楽譜なので、おそらく当時の欧米どちらかの出版社から出された楽譜をベースに作られたものではないかと推測するが、そうであるならば、校訂者には基にした版を明記する義務がある。百歩譲って彼が一から版をおこしたというのなら、それはすなわちJ・S・バッハの自筆譜を読んで、印刷用の楽譜原版を製作したということなのだから、当然その旨、明記されるべきだ。

が、それもない。

井口基成という人物は、自分にはどのような資質があり、どのような調査のもとに「校訂」をしたのかを示すことなく、突然「校訂者」として出現し、出版楽譜にその名を残した。

しかし私が問題にしたいのはそこではない。

井口は、たとえ、たった二年弱とはいえ、正しくフランスを代表するような作曲家・ピアニストであるイヴ・ナットに師事した。ナットはサン・サーンス、フォーレ、ドビュッシーというような、まさに近代フランス音楽を支えることになる作曲家とも交流があった。わずかな期間ではあるが、彼はヨーロッパ音楽史の中に、すっと入り込んで帰国したのだ。その若く前途に満ちたと考えられたピアニストが、新たに楽譜の校訂をするというのならば、一度はやらせてみようと周囲が思うのも、心情的には十分理解できる。あるいは、少し穿《うが》って見れば、逆に、周囲が井口のそうした華やいだ経歴を利用したのかもしれない。が、私が問題にしたいのはそのことの是非でもない。

春秋社はこの井口基成校訂の楽譜を大きく膨らませ、『世界音楽全集ピアノ篇』として一九五〇年から一九七二年まで出版を続け、それはクラシック音楽の代表的なピアノ曲を網羅する楽譜全集として、全四十九巻に達した。そのすべてに校訂井口基成とある。

出版社は、売れる楽譜や本を刷る。一九五五年には桐朋学園短期大学の初代校長（現学長）となった井口の名前を冠すれば、即、販売促進に繋がるというのなら、経営戦略からすれば正しいのかもしれない。しかし、楽譜校訂とは前述のように知識と時間と空間とを掛け合わせたような作業である。言うまでもなく簡単にできることではない。多岐にわたる作曲家の、四十九巻という膨大な量の校訂であっても、二十年あれば、その間何度となく日欧を往復し、資料の調査とその比較検討に脇目も振らず没頭していれば、できないことではない……とでも強弁するのだろうか。ちなみに井口が比較的長期間滞欧したのは、最初に渡仏した一度だけである。一九五六年に再度渡仏しているが、それも短い遊学に過ぎない。

私が指弾したいのはしかし、こうした状況から容易に想像される、楽譜校訂にあたっての井口自身の基本的な準備および研究不足でもない。本や楽譜を出すのは自由である。私が問題にしたいのは、そのようにして出版された楽譜を誰も検証してこなかったことだ。

## あるピアニストの足跡

ピアニストとしての井口基成は、日本ではオーケストラとの共演を含む、数々の演奏会を開催した記録が残っている。

驚くべきは、一九四九年。二月から六月まで、前述のプロコフィエフの三番やラフマニノフの三番のコンチェルトを含むすべて異なるプログラムで、毎月演奏会を開いている。

井口がピアノを習い始めたのは十六歳。プロのピアニストを目指そうとするのなら、現在ではもちろん、当時としても極めて遅い。しかし彼は、その後三年ほどで東京音楽学校（現東京藝術大学音楽学部）へ入学、卒業後はほとんど間を置かずに渡欧する。二年ほどして帰国すると、たちまちピアノコンチェルトを演奏するようなコンサートピアニストとして登場した。これは、もし彼に、当時のヨーロッパやアメリカで通用するようなプロフェッショナルな実力が伴っていたとすれば、奇跡に近いようなことだ。

だが、井口の日本での華々しい活躍を報じた海外の資料はない。ちなみに、様々な日本語の資料には井口がイヴ・ナットに習ったと出てくるし、またそれは事実に違いないのだが、逆にイヴ・ナットがＩＧＵＣＨＩを教えたという記述は英仏のどんな資料にも見当たらない。英語版のウィキペディアにはナットの重要な弟子として、十二人の名前が出てくるが、そこにもＩＧＵＣＨＩの名前はない。

残念ながら、これが、世界の西洋音楽界での井口基成というピアニストの評価だ。にもかかわらず日本では、彼が演奏から身を引いた後でも、ピアノ教授として、なぜか皇帝のように君臨し、井口の弟子筋にあたるピアニストは一説には三千人にのぼるという。

「先人の苦労を考えると……」と言って、一般に日本では先駆者は讃えられる。だが、先駆者だからといって、正しかったり有能であったりしたとは限らない。むしろその逆の場合の方が多いのではないだろうか。サイエンスは、誤謬《ごびゅう》の訂正の積み重ねで発展してきた。科学論文は必ず英文で提出され、世界中から査読（審査）を受ける。翻って日本の西洋音楽では、新即物主義のずっと前から今日に至るまで、一貫して、いわば、輸入超過の状態が続いている。が、それはいい、西洋音楽はもともとヨーロッパのものなのだから。明治初頭まで「音楽」という言葉すらなかったのだ。問題はその輸入の方法と発展のプロセスに審査の目が入るか否かだ。

本書における批判の眼目は、日本における西洋音楽の導入において、いかに我々は間違ってそれらを受け入れ、その上その間違いに誰も気がつかず、あるいは気がついた者がいたとしても訂正せず、しかも現在まで間違い続けてきたか、という点である。

筆の勢いのあまり、黎明期の日本における西洋音楽の中心人物の一人として、井口基成というピアニストを矢面に立たせてしまい、それがもし彼への個人批判と見なされてしまったのなら、本意ではない。昭和初期から現在まで、日本の音楽教育界で、欧米での短期の遊学経験のみを御旗に、あるいはプロとしての経験を経ずに、言い換えれば西洋音楽の本質の理解には至らない状態で、音楽大学に席を占め、教授として君臨した教員は枚挙にいとまがない。西洋音楽にペーストされる権威主義の問題は、決して井口に限ることではないのである。

## 本当に聴けていたか、批評家もそして観客も

だが確かに、一九三〇年代から五〇年代始めに書かれた井口への賛辞に満ちた演奏会批評記事からは、その華々しい活躍ぶりが見てとれる。しかし残念なことに、残された録音が極めて少なく、そこから彼のピアニストとしての技量に言及することは慎みたい。井口の弟子にあたるピアニストの故中村紘子氏は、著書の中で、彼の奏法とそれに起因する固い音色、そしておそらく彼の個性に由来する大きく乱暴な音響を直截に批判しているが、前述の理由から私に客観的な判断はできない。

ただ中村氏は、戦前の日本で、批評記事を書く批評家がどれほどの耳をもっていたのか、甚だ疑問だというようなことも書いている。誠に鋭い指摘だと思う。第二次世界大戦前後、そもそも欧米で真実評価された日本人演奏家がほとんどいなかった時代である。音楽を聴こうにもＳＰ盤しかなく、それには片面３分半しか音源が入らない。シンフォニーを聴くのにいったい何枚レコードが必要だったことか。楽譜に至っては、さらに手に入らない。

一方、たとえ入手困難な楽譜を手に入れたとしても、和声や対位法の専門的な知識に心もとないであろう批評家や文芸部記者に、それら入手した楽譜が正しく読めただろうか。舞台

上のはったりだけには長《た》けた演奏家による、オーバーアクションを伴ったスタンドプレイを前に、その「演奏」の善し悪しの判断がつかず、それを珍奇新奇な「名演」と勘違いして拍手を送っていただけではないだろうか。批評家もそして観客も。

## 告白、忘れがたい記憶

十六歳の頃のある日、藝大を卒業して間もないヴァイオリニストとバリトン歌手の「ジョイントリサイタル」に招待された。ジョイントリサイタルとは、会場費を折半する目的で、一夜を前半と後半に分け、多くの場合殊に共演関係にあるわけではない二人の演奏家が開くコンサートである。

その夜は前半がバリトン歌手の独唱、後半がヴァイオリン独奏だった。ことさら演奏家の値踏みをしようとしていたわけではないが、声変わり直後から声楽を学んでいた私には、このバリトン歌手の歌うシューベルトやシューマンの歌曲が、どのくらいのレヴェルであるのかは、よくわかった。

しかし、問題は休憩後に起こる。細身に青いドレスを纏ったその演奏家の弾くヴァイオリンが、いったい、自宅にあるレコードに収められている巨匠たちの弾くヴァイオリンと、どのくらいの違いがあるものか、俄《にわ》かに判断できないまま聴いている自分に気がついたのだ。

そして、その先に続いた連想に愕然となる。この若い無名のヴァイオリニストとアイザック・スターンやハイフェッツやメニューヒンらとの違いが判らないということは、ではいったい自分は、スターンやハイフェッツやメニューヒンの何を聴いてきたのか。聴いてきたのは彼らの知名度だけで、実はヴァイオリンに関しては何も、全くなにも理解していないのではないか……青ざめた顔をひきつらせたまま、古い第一生命ホールを後にした。

## 指揮者ジュリーニの記憶

もうひとつ。その十数年後、私はロス・アンジェルス南カリフォルニア大学院のオーケストラ指揮科で学んでいた。当時の指揮科教授故ダニエル・ルイス氏の計らいで、私を含めた四人の指揮科学生に、ロス・アンジェルス交響楽団のリハーサルに通うことが許可された。音楽監督はカルロ・マリア・ジュリーニだ。

私は喜び勇んで出かけた。全部で十回。もちろん一度も欠席することなく聴いた。が、全くわからなかったのだ。彼が何をどのようにしてオーケストラの音を変えていったのか、そこにはどのような指揮の技術が介在しているのか。目の前で確実にその音響は変化してゆくのだが、それはいったい彼が、どのパートにどんな指示をどのようにいつ与えた結果なのか。私にはマジックとしか思えなかった。ちなみに、ジュリーニはもちろん英語を話すが、オーケストラを前に言葉で音楽を説明するタイプの指揮者ではない。

その数年後、私はウィーンにいた。ウィーン大学の聴講生の席を確保しつつ、もっぱらオーケストラのリハーサルに通い詰めていた。ウィーンを拠点とするオーケストラは一九八〇年代、ウィーンフィルハーモニー、ウィーン交響楽団、ＯＲＦシンフォニー（現ＲＳＯ）、トーンキュンストラーと、四つあり、そのほぼすべてのリハーサルを聴いていた。なぜなら、この四つのオーケストラのプローベ（リハーサル）予定はすべて把握していたからだ。いちいち数えたわけではないが、もういいかな、と思えるようになるまでの二、三年間で、多分四百回以上は聴いたことになるだろう。とりわけ、ウィーン交響楽団に関しては、団員から、団員のみが知っているある電話番号を入手していた。その番号にかけると、翌週のリハーサルの場所と開始時間、曲目、指揮者、演奏会当日の服装規定まで、当時はまだ目新しかった自動音声で告知される。

そんなプローベ通いの終盤に当たるある日、いつもの番号にかけると、受話器の奥から、不愛想な、しかし聞きなれた女性の声が流れてきた。

「……ジュリーニ、フラック（燕尾服）」

さあ、今度はわかるだろうか。

期待と不安で、平静を失いかけながら出向いたプローベでは、ジュリーニがしたいこと、それに対するオーケストラの反応、そして時にはうまくいかなかった部分まで、その理由も含めて、正に隅から隅まで、理解することができた。

私の何が違ったのか、おそらく学習と知見の圧倒的な量、そして質だろう。

## 権威の衣を剥げ

春秋社の「校訂井口基成」版に関して、私が真に問題にしたいのは、この間何百人と誕生した、本来ピアノ関係者とは違う立ち位置にいたはずの、音楽評論家並びに音楽学者の諸氏である。なぜ、井口版の刊行が終了する前に、あるいは終了してからでも、あるいは一九八三年の井口の死後でも批判的な検証をしてこなかったのか、残念でならない。井口の名前を冠した全集版を批判的に検証することで、ひいては、井口基成という音楽家が日本へもたらしたことのリヴィジョンにもつながると思うからだ。もしその作業があったならば、新即物主義の生半可な理解から技術偏重主義へと突き進み、その結果、日本の多くの音楽家が犯し続けている間違いに、もっと的確な指摘がなされていたのではないか。そしてなにより、日本のクラシック音楽界から権威という衣を一枚でも二枚でも剥ぎ取ることができただろう。

だが、もしかしたら、批評家諸氏はクラシック音楽に「権威」という衣を着続けさせるために、敢《あ》えて黙っていたのではないかとも思う。それは限りなく無意識的な「敢えて」かもしれないが……井口の出現以来、いったい何百人の音楽批評家が誕生しただろうか。彼らが仕事を続けていられるのも、クラシック音楽が「権威」という衣を、纏い続けていてくれるからこそ、と思う。ただ、その衣が実は透明だということをいったい何人の方がご存じだろうか。

## 裸の王様

一九七七年、私は東京でＥＸ‐ＨＯＵＳＥという現代音楽のコンサートシリーズを主宰し、頻繁に現代音楽のコンサートを開催した。その第一回目のプログラムにこう記した。

「現代音楽なんて裸の王様なんだ」

自らも現代音楽という小さな市場に身を置いていながら、本当はそんなものは偽物なんだ！　と、アイロニーを込めて批判したのだ。そして現在、批判対象は、現代音楽という小さな枠をすでに超えている。その領域は、日本における西洋音楽、なかでもクラシック音楽とそれに付随する諸々の事象のすべてにわたる。作曲家、演奏家、批評家、教育者。今となってはあのアジテーションの「現代音楽」を「西洋音楽」と読み替えるべきかもしれない。

その上で敢えて聞きたい。裸なのは王様一人か、あるいは王様にへつらう家来も裸なのか、あるいは彼らを見、そして聴いている聴衆、つまり、あなた自身も実は裸なのか。

## 付記

二〇二二年、井口版の刊行が終わって五十年たった。

この年、春秋社は井口版をもとに、作曲家遠山裕氏による［新版］バッハピアノ作品集を刊行した。それは［新版］と銘打ってはいるが、実質、遠山氏による校訂版と私には映る。

彼の校訂上の意見にすべて賛同するわけではないが、この［新版］は、十分に、遠山氏が校訂者を標榜するに値する仕事である。心から賛辞をお送りしたい。そして彼は、奥付けに、校訂ではなく「楽曲解説・註解・演奏ノート」としか記さなかった。その姿勢にも深い見識と矜持を感じた。

# 批判2

# 西洋音楽と日本音楽の隔たり

拙著『音楽の黙示録』（南博氏との共著）の中で、音楽と日本に関する章を、私は次のように始めた。

日本人の音楽家として音楽を語るとき、やはり、邦楽に関して何も言わずに通り過ぎるわけにはいかない。私は、二十歳の頃初めて、邦楽演奏家との接点をもった。それは、西洋音楽を生業《なりわい》とする人間にしてはかなり早い時期だったかもしれないが、見方を変えれば、日本という国に生まれながら、二十年もの間、邦楽とは全く無縁で過ごしていたということになる。三味線も尺八も箏も篠笛も生で聴いたことはなかった。その後、様々な出会いがあり、邦楽器を使った現代作品の指揮を務めたり、また、邦楽器による作品も何曲か作曲している。日本に存在するおそらく全種類の邦楽器を使った器楽作品を書いたこともある（二〇〇四年、日本音楽集団により委嘱初演された《庭央ＴＨＥＯ》）。それでもなお、正直にいえば、私にとって邦楽とは今もって近しい存在ではない。もっとも、私もプロの音楽家だから、演奏を聴けばその巧拙はわかる。かなりわかるといっても良いと思う。しかしそれは、フランス人シェフが日本料理の老舗を訪ね、味や料理方法の善し悪しについて「ワカリマスヨ」と言っているようなもので、要するに、邦楽を楽しめているわけではないのだ。

とにかく、二十歳そこそこで出会った邦楽とは、私にとって、まさしく異次元の聴覚体験だった。

その事情を、時代を超えて移動させてみる。

## ザビエルが歌った聖歌

十六世紀中頃、西洋音楽はキリスト教伝来とともに、一度日本に入っている。一五四九年フランシスコ・ザビエルによって伝えられたキリスト教は、まず織田信長の庇護を受け信者を広げる。その後を襲った秀吉は当初キリスト教に寛容だったものの、心変わりし、一五八七年日本から宣教師を追放する。そこから徐々に弾圧を強め、その政策を徳川家康も踏襲。ついに一六一二年、家康はキリスト教の禁教へと舵を切る。

これで、日本における西洋音楽の根は完全に断たれた。たとえて言えば、根から芽が出、茎を伸ばし、花を咲かせ実がなる、そうした西洋音楽における、成長と発展の可能性は完全に断たれたのだ。例外的に、ほんの一握りの隠れキリシタンの間において、音楽的な成長も発展もないまま変形し、土着の民謡のようになった聖歌が「オラショ」として残ったくらいである。

さて、ここで重要なのは、十六世紀にスペインの宣教師たちが伝えた「西洋音楽」は、我々が一般的に想起する「西洋音楽」とはすこぶる異なるものであったという点だ。

では、何が違ったのか。ザビエルはどんな歌を歌っていたのだろう。

## 旋法の音楽、そして長調と短調の出現

中世からルネサンスにかけての約千年の間、ヨーロッパ音楽はすべて、「旋法《せんぽう》」と呼ばれる音の並びからつくられていた。ヨーロッパには、否、世界のどこにも、長調も短調もなかったのだ。だから、ザビエルが歌い当時の日本人が聴いたのも、間違いなくこの旋法の音楽だったはずである。そして十六世紀末にバロック音楽が登場する。音楽史の試験で、バロック音楽の始まりは一六〇〇年だと答えてほぼ間違いではない。

では、そのバロック音楽の特徴は何かと問われたら、それは「調性」の出現。つまり、音

楽が長調と短調に統一されたことだ。ザビエルが来日した一五四九年には、世界のどこにも、まだ「調性」で書かれた曲は存在しなかった。

ローマカトリック教会は、まず八種類の「旋法」を作り出した。[*2]彼らはバロック音楽が現れるまでの千年間に、それらをもとに多くのミサ曲を生み出した。

一六〇〇年までの間にヨーロッパで生まれた旋法の音楽を「中世・ルネサンス音楽」と呼ぶ。フランシスコ・ザビエルとともに日本にやってきたのが、まさにこれであった。ちなみに、旋法による音楽から私は、巨大な浴槽の中を、旋律という優美な草が、とぎれることなくひたすら対流しているような映像を思い浮かべる。それは、どこを取り出しても趣の変わらないサウンドに包まれる、ミニマルミュージックに近い。さて、この「中世・ルネサンス音楽」は、十六世紀の日本人の耳にどのように聴こえたのだろうか。そこで使われている旋法という音の並びは、日本の陽旋法や陰旋法[*3]を含めて、太古から世界中の民族音楽で使われてきたものとよく似ている。だから、ザビエルのもとに集まった日本人も、中世の教会音楽を、どこかで聴いたことがあるような響きとして、案外抵抗なく受け入れていたのではないかと思う。

その旋法の音楽も、一六〇〇年を境に、誰も禁じたわけではないのに、あっという間に姿を消す。ヨーロッパのすべての音楽が調性のあるものにとってかわったのだ。バロック時代はもちろん、それに続く古典派でもロマン派でも、近代でも、旋法で音楽を書く作曲家はいなくなった（旋法の音楽が意匠を変えて復活するのは、一九五〇年代後半のモーダルジャズや、六〇年代後半に現れたミニマルミュージックである）。

すべてが調性の世界になったヨーロッパ音楽では、理論上、旋法を使っていては作り出すことのできなかった、和声（ハーモニー）進行が装備される。音楽はダイナミックに前進を始め、そのことで、およそあらゆる種類と程度の、時には過剰な感情表現が可能になる。作曲家たちが、この調性音楽の魅力に飛びついたのも、もっとも至極である。以後今日までの約四百年間、西洋音楽はその圧倒的な表現力をもって成長と発展を続け、世界の音楽界を席捲してゆく。

文字通り調性の音楽は世界の隅々にまで浸透していったのだ。だから、現在我々が国や地域の差異を超えて、「西洋音楽」といって連想するのは、すべてバロック音楽以降に作られた調性の音楽なのだ。その意味では、人はバロック音楽から一歩も抜け出ていないともいえるだろう。現在我々が聴いているほとんどの音楽は、とにかく長調か短調でできているのだ。ジャズやロックも例外ではない。旋律（ヴォーカル）があって、バス（ベース）があって、管楽器や弦楽器のハーモニー（ギター・キーボード）があって、太鼓（ドラム）が入る。ロックバンドとバロック音楽、その構造に変わりはない。

## 初めてバロック音楽を聴いたヨーロッパ人たち

十六世紀後半に生を受け、それまでずっと旋法の音楽の世界に浸っていたヨーロッパ人にとって、突然現れたバロック音楽の方が、期せずして同じ頃の日本人が聴いたザビエルの歌う歌よりも、よほど馴染みにくかったのではないか、と思う。なにしろ、自分たちの親の世代も含めて誰も聴いたことがない音楽だったのだから。

ところで、このバロックというヨーロッパの言葉に共通するのは、「いびつな」という意味だ。きっと、バロック音楽を初めて聴く十六世紀のヨーロッパ人にとってそれは、聴き馴染んだ旋法の音楽に比べれば、激しい明暗と強調、加えて華麗な、あるいはしばしば過剰な装飾を伴った、「いびつな」現代音楽に聴こえたに違いない。

ちなみに、「装飾音」という、書かれている音符の前後に演奏者が自由に、あるいは気ままに、そして時には無分別に、細かい音を挿入、追加する演奏作法が生まれたのも、バロック音楽の時代である。一六〇〇年を境に、バロック音楽という未知な音楽の響きに襲われたヨーロッパ人たちの驚きは、その二世紀後の幕末に「西洋音楽」を初めて聴いた日本人の姿にも重なる。

　バロック音楽の誕生直後、そんなニュースが伝わるはずもない遠く海を隔てた日本では、徳川幕府による禁教（一六一二）、そしてそれに続く鎖国政策（一六三九）によって、キリスト教とその音楽は徹底的に排除される。日本人が再びヨーロッパの音楽を聴くには、それから二百有余年の時を経ねばならなかった。

　しかしこの間に、ヨーロッパが、文化芸術科学の広範な分野で急速な進歩を遂げたことは、敢えて言う必要もないだろう。

　もちろん、江戸という時代、日本と日本人がただ眠っていたわけではないという議論も承知している。ヨーロッパとのパイプも細々とだが通っていた。だが、わずかに情報が入ってくるというのと、新たに生まれた情報を様々な角度から批判検証し、論駁《ろんばく》を重ねて、真理という階段を一段一段登ってゆくのとでは、文化や文明、そして芸術の持つ層の厚さ深さの規模が全く異なる。

　後述するが、日本ではほぼすべての邦楽が「当道座」という極めて閉ざされた男性盲人組織の間のみで作られてきた。一方、ヨーロッパの音楽は、文化文明のあらゆる分野を巻き込んで発展していった。その中から、J・S・バッハやW・A・モーツァルトをはじめ、作品が世紀を超えて残ることが必定な、天才と呼ばれて何ら差し支えないような作曲家たちが何百人と誕生したのだ。その数は十六、十七、十八世紀に絞っても優に七百人を超え、その作品は現存するものだけでも何十万という数にのぼるだろう。

この西洋音楽の成長と発展の軌跡に無自覚なまま、驚くべき発言を残した文部官僚がいた。一八八九年、東京音楽学校（現東京藝術大学音楽学部）の卒業式で、その初代校長を務めていた伊澤修二である、

## 「西洋の音楽と日本の音楽とはその本質において違いはない」

伊澤修二は右の発言までの十年間、音楽取調《とりしらべ》掛《がかり》という、東京音楽学校の前身にあたる日本政府直轄の音楽教育機関の長であった。それまで伊澤は、日本の音楽教育行政をほとんど一人で担ってきたと言ってもいいだろう。したがって、このような人物の公的発言は、当時相当なインパクトを音楽関係者に与えたことと思う。

ちなみに伊澤の音楽教育はわずか三年弱。二四歳から三年間留学した米国で、後に明治政府が招聘することになるルーサー・W・メイソン（Luther Whiting Mason 1818-1896）から受けたもののみである。では、百数十年前の日本人はすでに本当にそのようなレヴェルにあったものかどうか、つまり、西洋音楽と日本の音楽を比較して、断定的なコメントを残すようなレヴェルにあったかどうか、ちょっと検証してみよう。

一八八九年、伊澤が日欧の本質的な差はないと、音楽学校の卒業生に向けて演説した、その二四年も前の一八六五年、ドイツミュンヘンでは、ヴァーグナー（Richard Wagner）の歌劇「トリスタンとイゾルデ」が初演されていた。

次ページに掲げた譜面がその第一幕第一場、冒頭部分の総譜である（ブライトコプフ一八六〇年版より）。

そして、伊澤の演説の三年後一八九二年、伊澤は『小学唱歌　壱』というタイトルで、大日本図書から十七曲の唱歌がはいった音楽教本を出版している。十七曲のうち十一曲には作曲伊澤修二とある。

……この二つの写真を見比べて、日欧に差がないと、何人の方がお考えになるだろうか。

## Richard Wagner
# Tristan und Isolde

### Erster Aufzug

トリスタンとイゾルデ

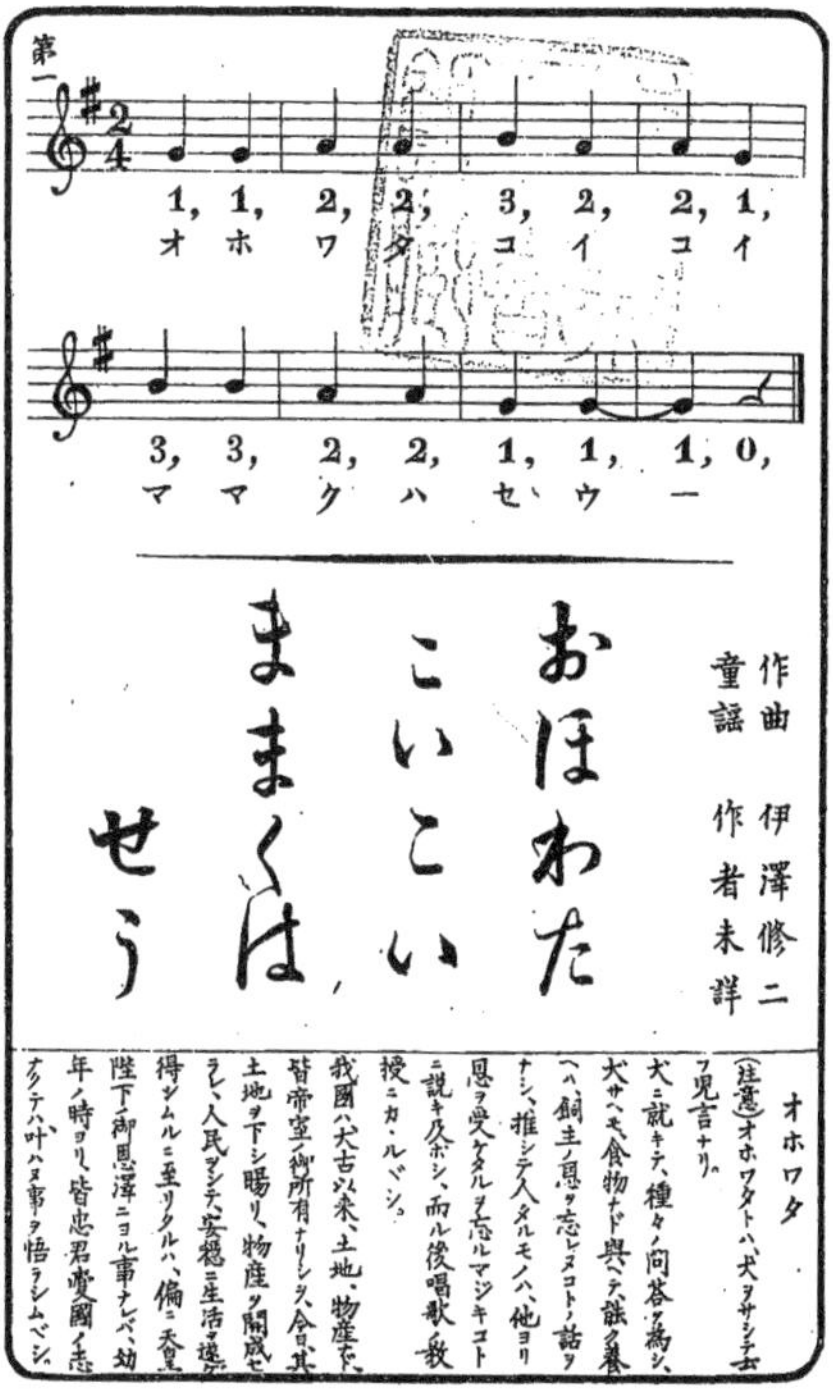
第一
1, 1, 2, 2, 3, 2, 2, 1,
オ ホ ワ タ コ イ コ イ
3, 3, 2, 2, 1, 1, 1, 0,
マ マ ク ハ セ ウ ー
おほわた
こいこい
ままくは
せう
作曲　伊澤修二
童謡　作者未詳
オホワタ
(注意)オホワタトハ、犬ヲサシテ云フ児言ナリ。
犬ニ就キテ、種々ノ問答ヲ為シ、犬サヘモ、食物ナド與ヘテ、能ク養ヘハ、飼主ノ恩ヲ忘レヌコトノ話ヲナシ、推シテ人タルモノハ、他ヨリ恩ヲ受ケタルヲ忘ルマジキコトニ説キ及ボシ、而ル後唱歌ヲ教授ニカヽルベシ。
我國ハ大古以来、土地、物産ハ、皆帝室ノ御所有ナリシヲ、今日其土地ヲ下シ賜リ、物産ヲ開殖セラレ、人民ヲシテ、安穏ニ生活ヲ遂ゲ得シムルニ至リタルハ、偏ニ天皇陛下ノ御恩澤ニヨル事ナレバ、幼年ノ時ヨリ、皆忠君愛國ノ志ナクテハ叶ハヌ事ヲ悟ラシムベシ

**小学校唱歌**

出所：文部省

## 秀才の罠

伊澤は、彼が書いた当時の公文書や企画書を読む限り、頭脳明晰で有能な文部官僚だったことがうかがい知れる。学校管理に関する詳細な提言や、障がい者教育のための丁寧な仕事もたくさん残している。しかし、二年そこそこの音楽留学で、たとえ子供のための曲であっても、否、子供のための曲であるならなおさら、作曲しようと、もしくはできると考えたのは少しく無理があったようだ。とかく秀才は、自分は何でもできると自信過剰になる……。

前掲のヴァーグナーの歌劇「トリスタンとイゾルデ」(米国初演一八八六年、日本初演一九六三年!)も、その米国初演は、彼が米国を後にした十数年後なので、当然彼は観ていないし、また譜面を手にしたこともないと思う。もし仮に、手にしたとしても読めなかっただろう。メイソンについて、やっとバイエルを習い始めたくらいの彼の技量では、この総譜をピアノで弾けるはずがないのである。ヨーロッパと日本の音楽に差がないのではなく、両者の差がどれほど大きいかが、彼にわからなかったに過ぎない。しかし、本来聡明なはずの伊澤が、音楽に日欧の差はないなどという、浅薄で早計な結論に達してしまったのには、それなりの理由がある。

伊澤は、一八七九年に来日したルーサー・W・メイソンとともに、欧日の音階の比較をする。そこで彼は、呂旋法《りょせんぽう》[*4]（ファソラシドレミ）と長音階（ファソラシ♭ドレミ）とでは音がひとつしか違わないといって、欧州と日本の音楽は近似だと結論づける。しかし、音階で音がひとつ違えば一大事である。

そもそも、長調と短調においても、違う音は一音だけだ。実は、呂旋法は教会旋法のリディア旋法[*5]（ファソラシドレミ）と全く同じ音の並びなのである。だから私は、教会旋法の音の並びは世界のいたるところで聴かれる民族音楽とよく似ていると書いた。世界の音楽は一六〇〇年までは、皆横並びに旋法を使って作られていたのだ。その後、ヨーロッパだけが調性という、長調と短調で曲を書くことを発明し、一気に他の地域の音楽を引き離して発展してきた。そこまでの説明があって、欧州の音楽と日本邦楽は、かつては、近似だったというのなら、首肯できるのだが……。

もう一度、前掲の楽譜を見比べてみる。前者ワーグナーの総譜からは情感溢れる豊かなハーモニーが聴こえ、後者は、稚拙な短い旋律の断片である。しかし伊澤が、この程度しか書けなかったのは、単に彼の西洋音楽レヴェルが未熟であっただけではないと思う。

## 和音を知らなかった日本人

邦楽の合奏はすべからく全員で同じ音を弾いて、歌う。ボストンでメイソンに師事したとき、伊澤は長音階が歌えなかったというが、日本的な旋法の影響を身に着けて成人した彼にとって、ドとミの音が鳴る長三度という和音を思い浮かべることは、おそらく至難であったに違いない。だから、想像するに、ドレミと歌おうとすると、ドレファに近い音になったのではないか。伊澤は、メイソンから歌唱の授業を免除されている。免除というと彼の体面は保たれるが、要するに匙《さじ》を投げられたということだろう。しかし、伊澤の時代までの約二五〇年の間、すべての日本人もまた、この、和音という音の重なりを聴いてこなかったのだ。匙を投げられたのは伊澤一人ではなく、日本人全体と思った方がよい。

一方ヨーロッパは、バロック音楽から古典、ロマン派、近代、現代音楽へと、ひたすらこの和音という大きな建造物を、あるときは意図的に壊しながら積み上げてきた。その軌跡を学ばずに、ただ単純に呂戦法と長音階の比較から、全体としての近似性の結論を下そうとするのは、木を見て森を見ずとしかいえない。

西洋音楽と邦楽とは、確かに、十六世紀以前なら似通った部分があったかもしれない。双方とも旋法で音楽をしていたのだから。しかし、その後のヨーロッパの急激な発展により、十七世紀にはすでに、ヨーロッパ音楽はそれまでとは異なる姿に変貌した。したがってバロック音楽を代表する作曲家J・S・バッハに邦楽との共通点は全くない。バッハのみならず、バロック音楽以降のいかなるヨーロッパ音楽とも邦楽には接点がない。十七世紀以降、ヨーロッパに旋法で曲を書いた作曲家が皆無で、片や日本では、明治維新まで調性で書かれた邦楽作品など一曲もないのだ（明治維新以降の邦楽の問題については、西洋音楽との接点も含めて後述する）。

　伊澤がせめてもう少しピアノが弾けていたら、自ら米国でどんどん譜面を読んで、ヨーロッパ音楽との大きな隔たりに気がついていただろう。あのような間違ったメッセージをしかもあろうことか、東京音楽学校の卒業式で発する愚を犯さずに済んだはずである。音を出すという実践的な行為の裏付けがないままに音楽を語っても、足元を掬《すく》われるだけである。

　名著といわれる『音楽と言語』を著した音楽学者T・Gゲオルギアーデスの講義を、同書の訳者である精神病理学者木村敏氏は、ミュンヘンで実際に受けた。当時を回想して、ゲオルギアーデスの弾くチェンバロやピアノ、パイプオルガンの見事な演奏が、学生たちを彼の言わんとする音楽的現実の世界に強烈に引き込んだ。と、述べている。音楽教育に実践がいかに大切かを物語る象徴的な光景だと思う。

## メイソンとバイエル、掛け違ったピアノ教育の釦《ボタン》

メイソンは明治政府から招聘され、一八八〇年（明治十三）から八二年までの二年間日本に滞在し、伊澤とともに黎明期の日本の音楽教育に携わった。そのメイソンが来日時、米国から持参したのが、当時ボストンのニュー・イングランド音楽院で使われていた、バイエル教則本だ。

伊澤が、音楽家として素人のまま米国へいきなり留学したことはすでに述べた。が、そんな素人が選んだメイソンもまた、教育者としてはともかく、プロの音楽家としての実績は心もとない。東京で教えている学生の和声の試験答案をわざわざ米国へ送って知人に採点してもらったりしている。

記録によると、彼は若干ヴァイオリンとオーボエを奏したとあるが、日本でも米国でも彼の演奏会記録はない。そしてピアノは弾けなかった。おそらく、バイエルの本当の価値を未消化なまま、日本でバイエルを使って教え始めたのだろうと思う。

バイエル（Ferdinand Beyer 1806-1863）は、十九世紀にドイツで活躍した作曲家・ピアニストである。その経済的な成功とは裏腹に、実は、作曲家としての評価が低い。だが、彼を酷評した、当時の批評家・作曲家フェティス（Francois-Joseph Fétis 1784-1871）は同時に、ベルリオーズの幻想交響曲もこき下ろしているので、まあ、一批評家の毒舌をそのまま鵜呑みにするわけにはいかない。

バイエルは、十九世紀の多種多様な音楽作品を何百曲もピアノ用に編曲している。ということはすなわち、バイエルには、十八世紀から十九世紀のヨーロッパ音楽全体に対する深い知見があったはずだ。

録音媒体が存在しない時代である。聴いたこともない様々な様式のオーケストラ作品や室内楽作品を、ピアノ用に編曲しなくてはならない場合もあっただろう。譜面からオーケストラの響き、弦楽四重奏の響きを頭に浮かべる高い能力がなくては仕事にならない。こうしたバイエルの辿った道をある程度学んだ上でないと、バイエルは教えられない。好き勝手に弾くのは自由だが、教えるというのなら話は別である。

その上、今度は譜面には書かれていないが、当時の演奏家なら誰でも知っていた、演奏するにあたっての「自明な要素」も知らなくてはならない。それに気がつかなければ、大げさに言えば音楽にならない。音符についた指づかいに合わせて拍節通りに１・２・３・４と音を（指を）運ぶだけの作業になってしまう。そうなるとバイエルの教則本は、みるみるうちに色褪せてゆく。

が、しかし、ともかくも、日本でのピアノ教育はピアノを弾けない教師が選んだバイエル教則本（Vorschule im Klavierspiel Op.101）で夜明けを迎えたのだ。伊澤はもとより、ヨーロッパへの留学経験のない、しかもピアノを満足に弾けないメイソンの教え方が、残念ながら前述のような、拍節通りに指を運ぶだけの教授法になっただろうことは、容易に想像できる。日本では、そのようにしてバイエルは広まり、現代に至っているのだ。

一方、皮肉な見方をすれば、西洋音楽の本質とはかけ離れた、ただ、１・２・３・４と拍節に合わせて打鍵するだけの教え方だったからこそ、日本にもバイエルが広まったともいえるだろう。これなら、極論すれば音が聴こえなくても教えられる。考えてみれば、伊澤らの周囲はおろか、当時の日本に、誰も西洋音楽の本質を知っている者がいなかったのだから、この最初の釦の掛け違いは止むを得まい。

それでも、確かにピアノは鳴った。

## 音楽で話すということ

フェルディナント・バイエルが、教則本に込めた西洋音楽の本質のひとつは、実は五線の上か下につけられたスラーにある。スラーとは、いくつかの音のつながりをどのようなフレーズ（グループ）に分けて弾くかということだ。その意味するところは、音楽をどのように喋るか、ということである。あの教則本は生徒に創造的に「喋る」ことを促している。フレーズの分けかたで、出てくる音楽の喋り方はまるで違ってくる。今ここに、

「オンガ、クニヤク、ドウガ、ウマレル」という文章（音楽）があったとする。では、この読点通りに読んで、意味の通じる人はおそらくいないだろう。では、

「オ、ンガクニヤク、ド、ウガウマレ、ル」ならどうだろうか。

ますます混乱するばかりだ。ところが、

「オンガクニ、ヤクドウガ、ウマレル」ならば？

「音楽に躍動が生まれる」と日本語を読める人なら誰でもすぐに理解できるだろう。

バイエルはバイエルの書いた音楽を演奏するのに最適なスラーを書き込んでいる。残念ながら日本の多くのピアノ教師はそのスラーに目がいかず、往々にして、例えば「オ、ン、ガ、

ク、ニ、ヤ、ク、ド、ウ、ガ、ウ、マ、レ、ル」と弾かせている。まるで彼（女）らにとっては、このひとつひとつの片仮名（音符）が、同じ長さ、同じ強さで喋られる（弾かれる）ことが前提条件であるかのようだ。まあ、無理もない。彼（女）らのほとんどは日本の音楽大学の出身で、そこではそもそも入試の段階から、「音を揃えなさい。同じ音符ならひとつひとつ同じ強さ、長さで弾きなさい」と言われてきたはずだからである。しかしそれなら、「ヤ、ク、ド、ウ、」と喋る日本語の話者がいるだろうか。

「躍動」という単語を話すとき、この四つの仮名が果たして等価で発音されているか、注意深くご自分で検証されてみてほしい。あなたが日本語の話者なら、そんなはずは決してないのである。自らの出身による方言や、喋り方の癖、あるいは「躍動」という言葉を発するときの状況によって、アクセントの位置や抑揚の種類、ひとつひとつの仮名の長さも微妙に違ってくるはずだ。そしてそこにこそ個性が生まれる。音楽も全く同じなのだ。十六分音符四つをいつも等価で弾いていては、演奏者の主観，主張は聴き手に届かない。

では、どのようにたった四つの音に主観や主張を組み入れるのか。その点にこそ、演奏者は知恵を絞らないといけない。それには、作曲者のいた時代、出自を調べ、なによりも作曲者の書いた譜面を、作曲者の話した言葉で読みとらないと答えは見えてこないだろう。

バイエルが喋っていたのはドイツ語だ。では、ドイツ語の話者でないとバイエルは弾けないのだろうか。

そんなことはない。なぜなら、バイエルが書いた西洋音楽は、大きなくくりとしてのヨーロッパ言語の上に作られているからだ。したがって、ヨーロッパ言語ならば、英語的なアプローチでバイエルを読んでも、イタリア語やフランス語的な読み方をしても、いずれもヨーロッパ言語として持つ多くの共通項ゆえに、出力されてくる音楽が、作品の本質から外れることはないのだ。

では、日本語ならどうだろうか。結論から言うと、日本語に翻訳して日本語的な読み方（弾き方）をすればするほど、西洋音楽の本質から離れてゆく。それはそうだろう。日本語とヨーロッパ言語に、共通するものは何もないのだ。したがって、西洋音楽が、日本語を基盤にして立っている部分もまた皆無だ。詰まる所、ヨーロッパ音楽を扱う上で、日本語が役に立つことは何もないのである。

日本語を知らないヨーロッパ人にとって、「オンガクニ、ヤクドウガ、ウマレル」と読まれようと（弾かれようと）、「オ、ン、ガ、ク、ニ、ヤ、ク、ド、ウ、ガ、ウ、マ、レ、ル」と読まれようと（弾かれようと）、その違いを自覚することはできないだろう。それはドイツ語を知らない人がDie Musik wird dynamischer（音楽に躍動が生まれる）をディームジークヴィルトディナミシャーとカタカナで喋られても、その抑揚やアクセントの正しい位置がわからないのと同じだ。とすると、バイエルがドイツ語で考えて作曲した彼の音楽を、彼がドイツ語の抑揚で書いたスラー（喋り方）を無視して演奏したとしても、ドイツ語を知らない日本人には、そもそもわからないということではないだろうか。

この指摘は「日本の多くのピアノ教師がバイエルの書いたスラーに目がいかない」というこの節冒頭の私の指摘から、ひいては、音楽大学の「音を揃える」だけの教育方法につながっている。バイエルが喋っていた言葉に対する想像力と感受性抜きには、彼が書いたスラーの意味を考えようとする発想すら持てないだろう。そして日本人のこの決定的なハンディキャップが、批判1に記した、新即物主義に端を発した技術偏重主義へとループしてゆくのだ。

畢竟《ひっきょう》、日本人に生まれてヨーロッパ音楽を職業にしようと思ったら、ヨーロッパ言語の習得は必須である。それなしに楽譜を読む、もしくは読んだつもりになっているということは、あたかも、英語を全く話さないのに、翻訳でのみシェークスピアを読んで、自分はシェークスピア学者だと言っているようなものだ。シェークスピアの著書に、あるいはディケンズでもゲーテでもチェーホフでもいいが、彼らヨーロッパ人の書いたものに日本語は一字も出てこない。日本で入手した楽譜、例えば、Beyerに、「バイエル」と日本語が記されていたら、即、それらは日本語に翻訳され、カタカナでルビを振られた「バイエル」であって、Beyerではないと自覚するべきなのだ。ちなみにBeyerはドイツ語の発音では「バイアー」に近い。バイエルが最も普及している国、日本の「こどものバイエル」には、ほとんど日本語しか出てこない。これではヨーロッパ言語で「喋る」ことは至難である。

ドイツ語で解説された常磐津《ときわず》*6の本を使い、ドイツ人の先生からドイツ語で常磐津を学んでいるドイツ人は、いったいどのくらいの成果をあげられるのだろうか。

さしずめ、音楽に国境はないなどというのは馬鹿馬鹿しい幻想と思った方がよい。

長い練習時間を必要とする演奏家はどうしても自宅にこもりがちになる。ウィーンに住む日本人演奏家で、いつもドイツ語のラジオ放送を流しっぱなしにしていた人を知っている。ドイツ語の単語の持つアクセント、抑揚、言いまわし、そういったものを常時浴びていないと、きっと何か不安なのだろう。「どうしていつもラジオつけてるの……」と、こちらが言い終わらないうちに、無言で「わかってるでしょ」という顔をされて、自らの無神経さに心底狼狽した記憶がある。

## 和洋折衷、掛け違った釦の意外な発展

最初から掛け違った西洋音楽というシャツの釦は二つ目も三つ目もずっと掛け違ったままだ。その掛け違った釦はしかし、意外な発展の仕方をする。

伊澤は、そもそも最初から、正統派の実力を蓄えた音楽家を招聘するつもりなどなかったのかもしれない。音楽取調掛を設置するにあたって日本政府へ提出した、いってみれば「企画書」には、洋と和とを混交した音楽を作り上げる意図が述べられている。伊澤が進めたかったのは本格的な西洋音楽の導入ではなく、実は和洋折衷の音楽の推進だったのだ。もし、メイソンが一流の音楽家だったなら、バイエルではなくバッハから、あるいはグレゴリオ聖歌から教えろと声を上げていたかもしれない。が、そうしなかったことで、見事にすんなりと、西洋音楽は日本社会に溶け込んできた。換骨奪胎《かんこつだったい》された讃美歌には日本語の歌詞が付き、和洋折衷の小学唱歌ができあがる。和洋折衷の軍歌が日清・日露の戦争に伴って溢れるほど作られ、ひいては演歌という、和洋折衷のまったく新しい音楽ジャンルの誕生につながったのである。

演歌のどこが和洋折衷か、一言でいえば、明治が始まるまで、皆で同じ旋律を奏で、ある

いは歌っていた「何々節」などと称される民謡や童謡の類に、西洋音楽のハーモニーを巧妙に接合したことだ。当時の日本人は、民謡にギターやピアノや、あるいはオーケストラの伴奏がつくなどということは、夢にも思わなかったことだろう。ひとたび西洋音楽の融合がされた後は、時代や世相に伴って様々に枝葉を広げていったが、演歌の核になるものは、やはりなにがしかの日本の旋法である。ともかく演歌という大きな音楽ジャンルはそうやって始まった。この和洋折衷を極めて自然に我々が受容するように至った証《あかし》は、ラジオ時代の一九四六年一月に始まり、現在も続く「ＮＨＫのど自慢」をご覧になれば明らかである。

＊2　（この注2では、段落を追うごとに解説が詳細かつ専門的になるので、随意中断して本文に戻っていただいて結構です）
ここでいう八種の旋法とは、ドリア（Dorian）、フリギア（Phrygian）、リディア（Lydian）、ミクソリディア（Mixolydian）の四つ、そしてこれら四つの名詞の前にヒポ（Hypo）をつけたヒポドリア、ヒポフリギア、ヒポリディア、ヒポミクソリディアを加えた全八種類である。

実際どのような音かというと、キーボードの白い鍵盤のみを使って再現できる。

ドリアは「レ」から始まって白鍵の上を順番にオクターヴ上の「レ」までの七音（最後の「レ音」は除く）、フリギアは同様に「ミ」から「ミ」まで、リディアは「ファ」から「ファ」まで、ミクソリディアは「ソ」から「ソ」まで。

続いて、「下の」という意味の接頭語「ヒポ」Hypoがついた残りの四つの旋法は、それぞれヒポ（Hypo）のつく前の、元になる旋法の開始音の四つ下の音から始める。例えばヒポドリアはドリアの開始音「レ」から4つ白鍵を下がって（レドシラと下がって）「ラ」からオクターヴ上の「ラ」まで。ヒポフリギアは同様に「ミ」から（ミレドシ）と四つ下がった「シ」からオクターヴ上の「シ」まで、ヒポリディアは同様に「ファ」の四つ下の「ド」からオクターヴ上の「ド」まで、ヒポミクソリディアは「レ」からオクターヴ上の「レ」まで。

「……といっても、これ全部ピアノだと白鍵しか使わないんですよね？　結局同じ音しかしないんじゃないの？」

これは、私が学生の頃持った素朴な疑問だ。調性を知っている耳と頭で考えると、例えばハ長調は白鍵だけだが、変ニ長調は、譜面を見ればわかるが、黒鍵を五つも使わないと弾けない。はっきり見た目でこれは違う調性だなとわかる。では、八種類の旋法は、どのようにして特定できるのだろう。

それは、旋律が留まって動いている範囲が、どの旋法にもっとも当てはまるかによる。例えば、ある旋律がだいたい「レ」からそのオクターヴ上の「レ」までの白鍵の間の音を動いていれば、これはドリア旋法にあたる。「ミ」から「ミ」ならフリギア旋法になる。といっても、ドリア旋法からフリギア旋法に移ったからといって、調性を知っている耳では、例えば、ハ長調から変ニ長調に移るような劇的な変化は感じない。ここからは、本文を参照してほしいのだが、そこが、バロック音楽がそれまでの嫋《たお》やかな旋法の音楽の世界に比べれば、「いびつ」と、当時のヨーロッパ人に感じられた可能性のある所以かもしれない。

これらの教会旋法は、九世紀から十世紀にかけて作り出され、ローマカトリック教会によって集められた、「グレゴリオ聖歌」に構成されている音を、後に同教会が分類して名づけたものだ。

「グレゴリオ聖歌」は、かつては、グレゴリウス一世が編纂したことになっていたので、今でもこう呼ばれているが、実際には、六〇四年に亡くなっているグレゴリウス一世が、大量の聖歌を編纂したりまた作曲したりした記録はない。前述したように、それが形になってきたのは九世紀から十世紀にかけてだ。ただ、グレゴリウス一世の時代もその前の時代も、ローマカトリック教会の内外で、なんらかの旋法による音楽があったであろうことは、容易に想像できる。

実際に、キーボードの白鍵をたどって音を確認された方はお気づきかもしれないが、長音階はヒポリディアと、短音階はヒポドリアと全く同じになる。だから、一六〇〇年の少し前あたりから、ヨーロッパの音楽が、このヒポリディア（長調）とヒポドリア（短調）に収斂されていったのだ。しかし、さすがにヒポリディア（＝長調）では言いにくい（多分！）ので、ドイツ語ではそれをDur（硬いという意味）。ヒポドリア（＝短調）は同じくmoll（柔らかいという意味）とした。確かに長調より短調のほうが柔らかく（moll）感じるが、多分にこれは感覚的な問題かもしれない。

ついでにもっと感覚的な問題かもしれないが、長調のどこが「硬い」（Dur）のか別の角度から考えてみる。「ファ」から始まるリディア旋法を数回何かの楽器で弾いてから（あるいは実際に歌ってから）「ド」から始まるヒポリディア、要するに長音階（Dur）を弾くと、確かに、カチッと硬い感じは、私にはする。moll の場合も、ドリアを弾いてからヒポドリア（短音階と同じ）を弾くと、確かに柔らかく感じる。

一方、英仏伊語での長調Major（伊語はmaggiore）は日本語で言うメジャーの意味だが、バロック音楽以後のヨーロッパの曲は圧倒的に長調が多い。従って短調はマイナーな存在。つまりMinor（伊語はminore）になる。

ちなみに日本語にあるような長い（長調）とか短い（短調）という意味は音階のどこを探してもない。どうして音楽取調掛は、長いとか短いとかという名前を普遍化させたのか。想像するに、ピアノの鍵盤やヴァイオリンの指板上で、長調を特徴づけるドからミまでの指の開きと、短調を特徴づけるドからミのフラットまでの指の開きを比べて、前者が「長」、後者がそれより短い「短」といったのだろう。各々の響きのニュアンスとは関係のないこういう命名なら、音が聞こえなくてもできる。


最後にもっとややこしい話を。白鍵の上をたどって八つの旋法の音を確認できると前述したが、九世紀とか十世紀に今日のピアノのような鍵盤楽器はまだない。ではどのように旋法という音の並びを認識したのか。

基本的に人類は振動数が倍の音は訓練していなくても察知できる。男性と女性が同時に同じメロディーを歌えるのはその証拠だ。実際には女声の方が一オクターヴ上の声を出している。つまり振動数が二倍。次に少し慣れれば察知できるのが、振動数が一・五倍になる音、それは、ドとソの関係だ。これを「完全五度」と後に呼ぶ。

そこで、ある音に「Ｆ」という名前をつけて、その音の完全五度上の音を「Ｃ」とする、そのまた完全五度上の音を歌いその音を一オクターヴ下げて「G」とする。今度はその「G」からはじめてその完全五度上の音を「D」とする。次にその「D」からはじめて、その完全五度上の音を歌い、その音を一オクターヴ下げて「A」とする。次にこの「A」の完全五度上の音を「E」とする。そしてこの「E」の完全五度上の音を歌いその音を一オクターヴ下げて「B」とする。こうして名付けた音を振動数の低いものから順に並べると、FGABCDE（ファソラシドレミ）となる。

植物の茎とか動物の腸とかから弦を作り、丈夫な枠を作ってそれに張り、前記の方法で、七つの音を決めていけば、リディア旋法に調弦された素朴なハープができあがる。音楽という無限の海は、もう目の前に広がっていたはずである。

一九六〇年以降のモーダルジャズで使われるようになった教会旋法は、ヒポの呼称があるものが除かれ、ヒポドリアがエオリア（Aeolian）に、ヒポフリギアがロクリア（Locrian）になった。ヒポリディアにはイオニア（Ionia）という名前がついたが、前述の通り実際は長音階と同じなので、通常この名称は使われない。ヒポミクソリディアはお気づきの方もいらっしゃるだろうが、ドリアと全く同じ音の並びなので、両者の使い分けも通常行われない。

モーダルジャズとは、和音に、コードシンボルでいうと、7・9・11・13・15と三度ずつ音を積み重ねていったら、だんだん調性感が失われていき、どの和音も同じような響きになって、結局モード（旋法）の世界に戻ってきたということだろう。

＊3　陽旋法とは日本の伝統音楽で使われている音の並びで、隣同士の音が半音の関係にならない五音音階。例えばドレミソラ（ド）。陰旋法も日本の伝統音楽で使われている音の並びで、隣同士の音が半音の

関係を含む五音音階。たとえばミファラシド（ミ）。

＊4　呂旋法とは、日本音楽で使われる旋法のひとつで、以下のような音の並びになる。すなわちＦＧＡＢＣＤＥ（ファソラシドレミ）となり、すでに注2をお読みいただいた方には自明かもしれないが、本文中にもあるようにこれは、リディア旋法と全く同じである。伊澤もメイソンも教会旋法には、たぶん不明で、この呂旋法とリディア旋法の同一性（もしくは近似性）には触れていない。そこに気がついていれば、そして、この二人に中世ルネサンス音楽と、その後のロマン派後期までの西洋音楽の知見が十分にあれば、もしかしたら、新しい議論が生まれていたかもしれない。かわりに彼らは、この呂旋法の一音だけを変えれば長音階になると言い、西洋の音楽と邦楽とに本質的な違いはないと声を揃えて結論づけている。しかし、これは無知からくる誤謬で、旋法や音階で音が一音違えば大きな差異になる点については本文にある通り。ちなみにその一音とは、Ｂ音のことで、このＢ音にフラットがつくと、ヘ長調つまりF major になる。リディア旋法（呂旋法）とヘ長調を正確に調律された楽器で聴き比べれば、その違いは明白である。

＊5　リディア旋法とは教会旋法のひとつで、ＦＧＡＢＣＤＥ（ファソラシドレミ）の音の並び。詳細は＊2をお読みください。

＊6　常磐津（ときわず）浄瑠璃（じょうるり）と呼ばれる日本古典の音楽劇に使われる音楽。劇が人形によって上演されるものは人形浄瑠璃と呼ばれる。語りを担う太夫と三味線の二つのパートによって音楽が進行する。ここでも、太夫の語り（謡）と三味線が和音を形作ることはない。

# 批判3 ── 邦楽のルーツ

ソーントン・ワイルダー（Thornton Wilder）の戯曲「我が町」（Our Town）の中に、記憶に残るシーンがある。

町の牧師から病気になった少女に手紙が届く。彼女は夜空を見上げながら、こう兄に話す。

番地の先には封筒になんて書いてあったと思う？
きまってるだろ、住んでる通りの名前さ
その先は？
この町の名前
その先は？
州の名前
その先は？
何も書いてない
じゃ、その先はどこでもないの？
そんなことはない。アメリカ合衆国
じゃあ、その先は？

地球
その先は？　地球の先はもうないの？
宇宙さ
じゃ、この手紙は宇宙からきたのね。じゃ、宇宙の先は？
……神様？

戯曲だけに、この抄訳には若干私の演出を入れさせていただいたが、アメリカの何の変哲もない小さな町に住む平凡な兄妹の会話から、無限の空想が惹起される場面だ。このシーンを読みながら私は、話を音楽に引きつけて、ある連想に浸っていた。

西洋音楽の場合、作曲家には師となる先生がいる。住所を逆に辿るように、その先生の先生は誰？　と、次々に跡を辿っていくと、対象の作曲家がいったいどのような影響のもとに曲を書いていたのかが浮かんでくる。そしてたいていの場合、どんな作曲家も、そうした追跡の果てにJ・S・バッハ（一六八五〜一七五〇）にたどり着く。J・S・バッハの前には誰がいたのだろう。

バッハ家は、十六世紀から十八世紀にかけて数十人の作曲家を輩出した、ドイツ中部の音楽一族である。バッハ家は同族結婚も多く、きっと彼らの中で情報の共有は行われていたに違いないが、モーツァルトも勿論ベートーヴェンもまだ生まれていない頃、J・S・バッハ本人が聴いてというより、読んできた音楽は何だったのだろう、彼が書くよりすぐれた作品があったとは思えないのだが……。

歴史のページをひとつずつ捲《めく》って、バロック音楽のくびき一六〇〇年を超え、旋法の音楽の世界に入ってゆく。J・S・バッハはイタリアのマドリガル（世俗合唱曲）を聴いただろうか、いやいや、聴いたはずはない。マドリガルの全盛期はバッハの生まれる百年も前だ。でも譜面は読んだかもしれない。否、やはり無理だろう、イタリアは遠いし。しかしバッハ一族の誰かがたまたま持っていたものを筆写して……と、妄想を続けて旋法音楽の世界をさらに進んでゆくと、最終的にグレゴリオ聖歌にたどり着く。

批判2の＊2に記したように、グレゴリオ聖歌とは、九世紀から十世紀にかけてローマカトリック教会によって編纂された聖歌集だ。これなら、大きな教会に行けば当時もその写本が保存されていたかもしれないし、そもそも信徒が歌っていた可能性も高い。J・S・バッハは知っていただろう。では、グレゴリオ聖歌の生まれる前は？　という疑問も当然湧いてくる。だが、とにかく資料が乏しく、「それじゃ、音楽は宇宙から来たのね？」と訊かれても、否定できないくらいよくわかっていない。まして、「その先は？」などと畳みかけられたら……私のような無神論者は口を噤むほかない。

そのグレゴリオ聖歌から、バロック音楽誕生までの数百年をかけて旋法音楽は発展してきたのだ。J・S・バッハも、モーツァルトもベートーヴェンも、およそ西洋音楽というくくりの中にいる音楽家は皆その先にいる。だから、私にいわせれば、グレゴリオ聖歌の楽譜（ネウマ譜）を見て即それを歌えないようでは、西洋音楽の音楽家としていかがなものか、と極めて控えめにそう思うのだが。

ところで、グレゴリオ聖歌が集められ、中世音楽の花がヨーロッパに咲き誇っていた丁度その頃、日本という国にも、やはり旋法による音楽が流れていた。その担い手は、グレゴリオ聖歌を歌っていた聖職者たちと同様、すべて男性だったのだが、一点、大きな違いがあった。彼らは皆盲目だったのだ。

## 当道座、盲人たちによってのみつくられた日本音楽の根幹

日本の邦楽と呼ばれている音楽はどのような軌跡をたどってきたのだろうか。数百曲以上

あるといわれている邦楽古典作品のルーツを追ってみる。実は以前から奇異に感じていたのだが、邦楽の古典作品を調べていると、作曲〇〇検校《けんぎょう》、××検校などと、ほとんどの場合、作曲者としてこの検校という肩書に出会う。

　室町時代、幕府が公認した男性盲人による互助組織として「当道座」が生まれた。検校とは、この当道座組織内にある役職の最高位を指す。そして結論からいうと、三味線、箏、胡《こ》弓《きゅう》、琵琶作品のほとんどは、数百人はいたといわれるこの検校たちによって作られたのだ。

　勿論、検校はすべて盲人である。つまり、地歌[*7]も浄瑠璃[*6]も作り出したのは当道座の盲人たちなのだ。十四世紀に、障がい者による互助組織が日本に生まれていたこと事態、にわかには信じ難いが、事実だ。そこでは按摩《あんま》、鍼灸《しんきゅう》のほか、琵琶、箏、三味線、胡弓などが教習されていた。この当道座を一教育機関と考えると、それはフランス革命前夜の一七八四年にパリに創設された、世界初といわれる盲学校よりも、四百年以上も前に設立されたことになる。

　当道座は、幕府が室町から江戸に変わっても、時の幕府からの支援を受け続け、明治政府によって解体されるまで、約五百年間も続いた。誤解のないように付け加えると、日本の古典邦楽作品は盲人によっても、創作されたのではなく、この当道座に在籍した盲人たちによってのみ作り出されたのだ。初めてこの事実を知ったとき、私は茫然としてしばし動くことができなかった。そして次の瞬間、ある種の怒りにも似た感情が湧き起こってきた。
——その事実をなぜ私たちは知らされてこなかったのだろう。私が通っていた藝大には邦楽科もあったのだ——。

日本音楽は盲人たちのみによって作られたといってよいこの事実は、世界に全く類例のない、社会的にも、もちろん音楽的にも驚嘆すべき事象である。だが、社会学者や歴史学者に音楽への興味が薄いのか、あるいは音楽学者に社会的な事象に対する興味がそもそも欠落しているためか、詳細な研究が乏しい。というより、盲人による組織という特異性を基軸にした研究はほとんどない。かわりに、どの検校が何という古典作品を作ったとか、某勾当《こうとう》（勾当は検校、別当に次ぐ位）の師は検校何某であるといった、社会的に見ても音楽的に見ても「そんなことどうでもいいだろう」といいたくなるような「調査研究」ばかりが目につく。

そのくせ映画『座頭市』シリーズ（一九六二〜八九）の座頭とは、当道座の位のひとつであるなどという記述はたいていの資料に書いてある。しかし、「座頭市」について言及するなら、彼がなぜ剣の達人で、仕込み杖を持って旅をしていたのかは、十分に一考の余地があるだろう。

当道座がいかにして五百年もの間、障がい者のための組織として運営されていたのかについては、少ない資料から類推するほかない。なにしろ盲目の人たちの組織なのだ、彼らは字が読めない。したがって、すべてが口伝で継承されてきたのであろう。当事者の証言資料はほとんどない。健常者の手による二次資料を見ると、当道座の組織は全国的で、所属する盲人は本部が置かれた京都へ、たびたび高額な金品を納めるために、たとえば九州などからも出向くことが義務とされたとある。盲人が大金を持っていったいどのように歩いて旅をしたのだろうか。盗賊にとっては、格好の餌食ではないか……そう考えたとき、ふと腑に落ちたことがある。

なるほど、そこで剣の達人座頭市の登場となるわけだ。あのような武術の使い手の座頭がいれば、どこへ行くのも怖くはないだろう。あながちこれはフィクションではないかもしれない。実際、当道座には七十余りの位があり、検校を頂点に別当、勾当、座当と続き、それぞれ装束の細部に至るまで決められていたという。

## 差別する側は常に何かに怯えている

そもそも幕府は、何のために盲人たちを救済したのだろう。日本の中世という、社会福祉などという考え方があるわけもない時代である。組織の中に様々な位があり、服装まで決められていたというのだ。もしかしたらそれは、盲人たちを一くくりの階級に纏めた、言ってみれば形を変えた賤民《せんみん》制度に過ぎないと憶測するのは、穿《うが》ち過ぎだろうか。

しかし、たとえその動機がどのようなものであったにせよ、日本ではヨーロッパの四百年も前から障がい者である盲人たちに、為政者の手が差し伸べられていたのだ。外務省も、アニメの宣伝をする仕事の半分くらいの労を割いて、この点を世界に喧伝してもよいのではないだろうか。

検校たちは現代にまで残る数百に及ぶ邦楽作品を創作した。したがって、彼らに稀有な音楽的才能があったことは間違いない。しかし、現代を例にとれば、レイ・チャールズやスティーヴィー・ワンダーのような才能ある盲人を何百人と、しかも五百年余の間継続的に、いったいどうやって見つけ出し続けることができたのだろうか。

政府が、確固とした政治的使命のもとに、盲人全体に網をかけるような網羅的な教育制度を組織しない限り、何百人もの天才音楽少年は見つからない。それは、社会福祉という現代の用語を持ち出せば、全世界に誇れる先駆的な社会福祉制度には違いないが、実はそこに弱者救済という徳の高い思想は薄く、為政者は、歌舞音曲を生業とするものの中に、大衆を引きつけるような扇動者が誕生することを、無意識的にも恐れていたのではないかと思う。差別をする側は常に何かに怯えているのだ。

盲人という障がい者のみに、歌舞音曲を担わせておけば、どのように優れた技芸の持ち主が現れても、それが社会的な力を持ち、ひいてはヒーローとなって社会を混乱させる種になるようなことはないと、目論んだのだろう。盲人は、一般社会とは線を引いた、別枠のヒエラルキーの中に隔絶され、結果的に、「当道座」では連綿と音楽が生まれ続けた。作品は、盲人の検校から盲人の検校へと、そして、それぞれの盲目の弟子たちへと受け継がれ、そこから徐々に一般大衆へと浸透していったのだ。

ところで、「この検校の書いた作品に」などという記述をたまに見かけるが、盲人は字を書かない。それこそが、邦楽作品が、流派ごとの覚え書きのようなものを除いて、その大部分が口伝によって受け継がれてきた理由である。師匠は目が見えないのだ。楽譜など書くわけがない。しかしまた、口伝は正確に伝わるともいわれている。

本当にそうだろうか。

# 口伝、集団作曲そして明治維新

盲目である彼らにしてみれば、そもそも音楽とは書かれるものではなく、奏するものであったはずだ。自らの名前すら書くことのない彼らにとって、紙に書かれた音楽など、まさしく紙っ切れにしか過ぎなかっただろう。記名性とは、彼らにとって端《はな》から重要な問題ではなかった。

また、こんな考え方もできる。

盲人である検校Ａがある曲を奏で、Ａ→Ｂ→Ｃ→Ｄと口伝で伝わったとする。Ｄの時代になり、そのときすでにＡもＢもＣも鬼籍にあるとしたら、ＤがＡ検校作と主張する作品が、本当にＡ検校の作ったオリジナルであると、どうやって証明するのだろう。譜面はないのだ。証明の手立てはない。

あるいはこんな考え方もできる。

邦楽作品で歌以外の楽器による部分を「手」もしくは「手事《てごと》」と呼ぶ。何々検校作といわれている手事のほとんどは、実は当道座全体に存在した音楽家たちにより、まさに様々に「手」の入った、集団作曲のようなものだったのではないだろうか。

旋法の音楽は、個の主張をそこに組み込んで表現することが難しい。逆にいえば、個を主張したいという欲求の果てに、西洋音楽は旋法をあっさりと脱ぎ捨て、バロック音楽という調性の世界を切り開いたといっても決して過言ではない。

であるならば、バロック音楽以後の長調と短調の世界から隔絶された、個の主張に拘《こだわ》らない旋法の世界を揺蕩《たゆた》ってきた邦楽において、集団作曲もまた、あり得ないことではなかっただろう。大工が役割ごとに集まって家を建てるように、何代にもわたって修正を加えながら、集団で作品が彫琢《ちょうたく》されてきたのかもしれない。そして、そうした修正の跡は全く残らない。仕事はすべてが口伝で完遂し、その間、個を主張するものは現れず、修正された痕跡となるような音は風に乗って消えていったのだ。

余談だが、個の表出が最も重要な西洋音楽に、集団作曲など存在しない。もし作品の表題に作曲家の名前が二人表示されていたら（例えば、【展覧会の絵】Mussorgsky-Ravel ムソルグスキー、ラヴェル）、後に書かれた名前の人が、前に書かれた名前の原作者の死後、無断で手を加えた編曲である（もっともこの作品の知名度の高さは、大きくラヴェルの名編曲に負ってはいるが）。

さて、そうした当道座内部での集団作曲が数百年の間繰り返されて明治維新に至った。

それは、口伝だからこそ、原初の検校の「手」の中にある、DNAのような特徴が、たとえいくら修正が重ねられたとしても、後代まで手渡され続けたと思う。繰り返し聴かされた音楽は、燎原《りょうげん》の火のように拡散してゆく。ジャズやロックやポップスのほとんどもまた、そのようにして広まった。ザ・ビートルズの楽譜など、基本的に誰も持ってはいないではないか。それでも、世界中でいったい何億人の人がYesterdayを聴いただろうか。

明治政府は一八六九年、薩摩藩に入った西洋音楽を国家として本格的に導入した。そして、政府により四民平等の名のもとに、二年後の一八七一年、当道座は解体される。明治政府が西洋音楽を中核に据えたその理由のひとつに、軍事訓練への西洋音楽利用があった。地歌では軍隊の行進はできないからだ。

＊7　地歌は、関西において江戸初期に発達した、歌を伴う最も古い形の三味線音楽。その後、この地歌が長唄となって歌舞伎に使われるようになる。いずれも当道座の検校によって作られた。

# 批判4

# なぜ行進は左足から始まるのか

行進という集団行動は、十七世紀、トルコ軍が金管楽器や太鼓でやたらに大きな音を立て、敵を威嚇しながら進軍したのが始まりらしい。が、その後ほとんど間を置かずに、西ヨーロッパの軍隊にも音楽を伴った「行進」という集団行動が広まった。そしてそれは、バロック以降の西洋音楽の特徴をある意味、端的に捉えている。

## 行進、世界中例外なく左足から進む

行進曲はすべて二拍子である。そして、世界中の軍隊、消防隊、警察隊、そして学校などなど、すべての行進を行う団体は必ず、例外なく行進を左足から始める。そこに私は素朴な疑問を持った。行進では、静止した状態から右足でまず強く地面を蹴り、その推進力をもって左足が前に出る。ヒトの多くは右利きだから、利き足も右だ。だから強く蹴る足を右足においき、その結果左足から行進が始まることになる。ここまでは、すんなり納得できた。が、次の瞬間大きな疑問が膨らむ。では、なぜ強く蹴る右足を弱拍である二拍目におくのか。一拍目が強拍なら、強く蹴る右足は一拍目に置くべきで、それなら、行進は右足から始めるべきではないのか。

しかしヨーロッパでは、もう三世紀以上、行進は左足から始めている。左足から行進を始めるという、現在も続く世界共通となっている動作に、誤りがあるのだろうか。何かがおかしい。

そこで、二拍子において、一拍目が強拍、二拍目が弱拍という前提を逆にしてみる。つまり、二拍目が強、一拍目が弱。そうすると、何の問題もなく前奏の最後の二拍目を右足で強く蹴って、行進曲の一拍目に左足から第一歩を踏み出すことができる。

## downbeat と upbeat

一拍目もしくは表拍を downbeat、二拍目もしくは裏拍を upbeat という。そして我々は表拍（downbeat）が強、裏拍（upbeat）が弱と習ってきた。きっと今この瞬間も、日本中の音楽の授業ではそのように教えていることだろう。

結論から言うと、西洋音楽で、downbeat が upbeat よりも強いと考えることは、間違いである。日本の学校教育で習った、二拍子における、強弱・強弱という拍子感覚や、四拍子における強・弱・中強・弱といった拍子感覚はバロック以降の西洋音楽を演奏するなら、すべて完全な間違いである。二拍子も四拍子もすべて、upbeatが強い。これは西洋音楽のみならず、ジャズ、ロックにも共通している。

読者の中には、one Two, one Two と upbeat（裏拍）が強くなるのはジャズやロックだけの特徴だと思い込んでいる人が多いだろうが、再び結論を先に言ってしまうと、そんなことは原理的にあり得ない。なぜならジャズもロックもその基礎はすべてバロック以後の西洋音楽だからである。その西洋音楽の本質に強いupbeatが組み込まれていたから、それをジャズもロックも継承したに過ぎない。

## ジャズ、社会変革が残していった甘美な果実

ジャズは十九世紀中頃米国で始まった音楽だ。それは、黒人の奴隷たちが、南北戦争で軍隊が撤退した後、戦場にいくつも捨て置かれた楽器を拾って始めたものだという、かなり伝奇的な発生説から、黒人の裕福な歯科医の家に生まれた少年が、セントルイス交響楽団の首席トランペット奏者を師にもつジャズ演奏家（Elwood Buchanan）から初歩の手ほどきを受け、後に二十世紀を代表するジャズトランペッターになったというマイルス・デイヴィス

（Miles Davis）の実話まで、とにかく、西洋音楽の介在なしに、ジャズは生まれてこなかったのだ。

よく、アフリカ系の人々の持つ音楽のリズムがupbeatだなどという人がいるが、疑問である。アフリカの民族音楽はもっと複雑な、採譜するのも厄介なほどの複合リズムで、one Two, one Two などというような規則性を持たない。彼らの持つ奔放な複合リズムをかっちりとした one Two, one Two の upbeat にはめ込んだのは、あくまでもバロック由来の西洋音楽である。

アフリカ系の黒人の音楽性がジャズに寄与しているのはむしろ、彼らの、旋法による歌の中にある、西洋音楽の和声ではフォローしきれないハーモニー感覚だ。

そこからブルースが生まれた。

和声という音の色彩のパレットをいくつも持っていた、名前を挙げていけばきりがないいくらい存在するヨーロッパの大作曲家の誰も、十九世紀に、このブルースの音の並び「ブルーノートスケール」で作品を書いていない。

ジャズが、アフリカ系黒人奴隷たちが歌っていた旋法による歌（黒人霊歌や民謡）と西洋音楽との融合で、その始まりが南北戦争直後の一八六〇年代末頃の事だとすれば、それは、日本の演歌が生まれた時期と図らずも一致する。批判2の最後にふれたが、演歌も日本の民謡などの旋法による音楽と西洋音楽の合体から生まれたジャンルなのだ。

西洋音楽も中世の千年間は旋法の音楽であったのに、バロックになってそれを完全に払拭したことで、大きく発展した。その西洋音楽が、三百年近く経って、今度は「旋法との融合」を試みる。しかしそれは、誰かが始めたというような、特定の作曲家の主導ではなく、南北戦争や明治維新といった、巨大な政治的社会的変革のいわば副産物として生まれた。新しい音楽ジャンルであるジャズや演歌の誕生がそれにあたる。

では、ロックはどうなっていたのか。

## Rock'n' Rollとケルト音楽

ロックミュージックも、第二次世界大戦という大きな社会変革の後に生まれた。

ロックは、戦後、英国やアイルランドのケルト文化の中にある、やはり旋法を基調にする歌から始まった。ザ・ビートルズもローリング・ストーンズもケルトの音楽抜きには生まれなかっただろう。しかし、ケルト音楽に影響を受けた、というか、ケルト音楽に着目したのはヨーロッパで彼らが初めてではない。ここでも西洋クラシック音楽は敢然《かんぜん》と屹立《きつりつ》している。

J・S・バッハと同時代人で、したがってザ・ビートルズが生まれる二百五十年以上も前に生まれ、四千曲ともいわれている全作品の校訂がいまだに終わっていないG・P・テレマン（Georg Philipp Telemann）も、ケルトのリズムや旋律を使った作品を、軽やかな upbeat に乗せて残している。またベートーヴェンにも、ケルト音楽をふくむ多数のヨーロッパ民謡のピアノ曲へのアレンジがある。そしてベートーヴェンの音楽はすべて徹頭徹尾強い upbeat だ。

交響曲第五番【運命】の冒頭は弱拍（upbeat）で始まる。あの強烈な開始の音楽が、ベートーヴェンの頭の中では八分休符をひとつ置いた後の upbeat で鳴っていたのだ。【運命】はその冒頭のリズムが一楽章の終わりまで、まるで石が急坂を転がってゆくように、五〇二小節の間とぎれることのない upbeat で続く。まさに rolling stones とはこのことだろう。日本人ミュージシャンが「ロックンロールだぜ」などと粋がっている様子は、いささか滑稽である。すでに二百年以上前から、彼はスウィングしていたのだ。

## 意外に upbeat な軍歌と演歌

ジャズも演歌もロックも旋法と西洋音楽の融合であると述べた。そして、それゆえに元来が upbeat である西洋クラシック音楽の特質をそっくり受け継いで、ジャズもロックも upbeat で奏でられてきた。

では、西洋音楽との和洋折衷である軍歌や演歌はどうなのだろう？　胸騒ぎを抑えながら聴いてみた。なにしろ、演歌も、まして軍歌など我が家でかかったことはないのだ。

まったく新しい発見があった。まず演歌は驚くほど upbeat が多い。伴奏にビッグバンドや弦楽器を従えていることもおそらく影響しているとは思うが、楽曲そのものが、ベートーヴェンの運命の出だしのように、休符で始まることが多いのである。

同様に日本の歌謡曲というジャンルもまた upbeat が多い。それを我々は聴き逃している。半世紀以上前、橋幸夫と吉永小百合のデュエットでヒットした「いつでも夢を」（佐伯孝夫作詞　吉田正作曲）が毎フレーズ休符で始まることに気づいている人がどれほどいるだろうか。軍歌に至っては、ほぼすべてが upbeat で歌われている。

しかし考えてみればそれは当然かもしれない。行進は左足で踏み出す、その動きと音楽との連動を担保しているのがupbeatなのだ。そしてやはり、そのような拍子感の対極にある地歌で行進はできないのである。

幕末、薩摩藩が西洋式軍隊訓練を取り入れるにあたって、西洋音楽による行進を始めた頃、日本では人も馬も「なんば歩き」をしていた。なんば歩きとは、右手と右足、左手と左足がそれぞれ同時に前に出る歩き方だ。我々はたかだか百六十年前まで、そんな身体動作をしていたのかと、愕然とする。確かに、これなら着物の裾がはだけることはない。そしてなんと、着物を着ない馬も、なんば歩きをしていたという。なんば歩きの馬上でならば、地歌を歌うことも可能かもしれない。

ここで忘れてならないのは、その地歌は盲目の検校によって作られたということだ。そもそも、視覚障がい者は戦争をしない。その視覚障がい者によって作られた音楽が、軍事訓練などに利用できるはずがないのである。邦楽は暴力とは無縁だ。

では、西洋音楽はそんなに暴力的なのだろうか。

批判5

# 西洋音楽と暴力

## 君が代の音階的構造

　西洋音楽は暴力と紙一重、戦争も軍隊も大好きである。軍楽隊のない軍隊など世界中どこにもない。日本で、まず薩摩藩に西洋音楽が入ってきたその理由も、軍隊の訓練にあった。当時、西洋音楽を国民への教育活動の一環とする、と考えた日本人はまだいなかった。西洋音楽が、日本で最初に手を結んだ相手は軍事だったのだ。軍隊という、これから殺し殺されるかもしれない人々に対し、音楽を奏でて訓練し、戦場へ送り出す。そのグロテスクさに、私たちはどれほど自覚的だろうか。

　軍楽隊が行進の指揮をとり、戦士を鼓舞し、または慰霊するようなことを始めたのは、バロック音楽以降である。それ以前の中世音楽では、そもそも音楽に一定の拍子がないので、全員が同じテンポで歩く、行進という集団行動そのものができなかった。

　かつて私は、拙著『西洋音楽論』の最終章で、「君が代で行進はできない」と書いた。「君が代」は、雅楽の律旋法（簡略するとレミソラドの音の並び）によって書かれた、世界で唯一の、非西洋音楽による国歌だ。ここでいう非西洋音楽とは、バロック以後の非西洋音楽のことだ。では、ルネサンスや中世音楽を国歌とした国はあるのかといえば、正直ひとつくらいあってもよさそうなものだが、皆無である。

ところで、この「君が代」の音階的な構造は、バロック以前のヨーロッパにおける「旋法」というシステムと同じなのだ。君が代が、その拠り所としている「律旋法」も、教会旋法でいえば、「Dorian（レミファソラシド）」となる。したがって、旋法の音楽で行進ができないのなら、君が代を歌いながらの行進も困難だろう。サッカーの国際試合か、大相撲の千秋楽で演奏される「君が代」を聞きながら行進ができるかどうか、試してみればよくわかる。

一方、「君が代」には、明治時代に海軍軍楽長を務めた吉本光蔵編曲による、「君が代行進曲」（一九〇二年頃作曲）という作品がある。それは、君が代の旋律を強引に定旋律に使ったもので、その上声部に吉本の手による軽易な対旋律が重なる。またトリオ部分（行進曲中間部の緩徐楽章）では、あの音楽取調掛の伊澤修二が作曲した軍歌「皇国の守」の旋律が使われている。日本語版のウィキペディアには「軽快に威厳を損なわずにまとめあげている」とある。

吉本がこの作品を書いた一九〇二年とは、その前年に、ラフマニノフがピアノ協奏曲第二番を初演、シベリウスは交響曲第二番を発表し、エルガーが「威風堂々」を作曲している。上記三作品は現在も世界中で演奏され続けている名曲だから、お聴きなじみの方も多いだろう。吉本の「君が代行進曲」も複数の録音がネット上で視聴可能である。「威厳を損なわずにまとめあげている」というウィキの記述に偏りがあるかないか、現代でも自衛隊などで、演奏する価値があるものかどうか、そしてなにより、エルガーらの作品に比肩しうるものかどうか、ご判断は読者諸氏に委ねたいと思う。ウィキの記載は日本語のみ。また、国際大会の表彰式で「君が代行進曲」が流れたことは、私の知る限りない。

## 邦楽器の特徴

中世ルネサンス時代、なんといっても音楽は声楽中心に営まれていた。というのも、楽器はまだまだ機能的に未熟で、とても人の主張を代弁できるような「器」ではなかった。もちろんその根底には旋法の音楽という、個の主張を表現するにはいささか不十分な音楽のシステムがある。すなわち、旋法の音楽の中にいる限り、大きな自己主張は出てこない。だから、楽器に機能的なダイナミズムはまだまだ要求されない。音域も音量もピッチもそこそこで十分。人間の普通の声の閾値《いきち》を超えないあたりで、相応だったのだ。三味線、箏、尺八がまさにそれにあたる。

三味線の音域はヴィオラとほぼ同じ、つまり低音は男性の声の音域から始まって、高音は女性が少し無理すれば歌えるくらいまで。大体二オクターヴ半程である。しかし、ピッチを決める指板（三味線の棹の部分）の長さを比べると、三味線はヴィオラの二倍、その分正確なピッチを掴みにくい。その上「さわり」という三味線特有のエレキギターにおけるＦＵＺＺエフェクターのようなものがついていて、ますます正確なピッチを聴きにくくしている。

箏もまた、演奏途中に何度も「琴柱《ことじ》」というヴァイオリンのブリッジにあたるようなものを移動させてピッチを変えなくてはならず、琴柱を移動する先の弦の位置に印をつけ、目視で演奏中に動かしている。が、そうしたピッチの調整方法そのものが、半音の何分の一かのピッチの差を問題にするようなヴァイオリニストたちとは、根本的にピッチに対する意識が違う。かつてはハーモニカのような音がする調弦用の笛を吹いて調弦しており、その曖昧さに驚嘆したが、今では、チューニングメーターを見ながらの調弦で、そうなると、今度はピアノのような平均律調弦になってしまい、一音に対し弦が一本しかない箏では、ますます楽器が鳴らなくなる。

西洋音楽における平均律調弦は、自然な倍音を尊重したほかの調弦方法と比べると、どうしても楽器の共鳴が犠牲になる。たとえばピアノは、その点をうまく調整しているのだが、一音についた複数の弦による微細なピッチの揺れと、総計で約二百本に及ぶ弦の数がその共鳴を支えている。チューニングメーターのような、西洋音楽に使われている小道具を並行輸入するように邦楽に直で持って来ても、ほとんどの場合、本質的には機能しない。なによりくれぐれも忘れないでほしいのは、古典邦楽を作った検校さんたちは盲目なのだ。たとえ当時チューニングメーターがあったとしても、それが読めない。

尺八は細かい唇の操作でピッチは自由に決められる。が、古典演奏に際しては、西洋音楽的な意味においての「ピッチ」とは異なる旋律における「節回し」が求められている。逆に、西洋音楽的な意味においての「ピッチ」をこの楽器へ（否、すべての邦楽器へ）強要しても、多くの場合、実を結ばない。なぜなら、邦楽器はその出自からして、正確なピッチや、西洋音楽的な和音を聴かせるために設計されていないからだ。試しにもしお手元に三味線があったら、三味線の古典曲には決して出てこない長三度の音程を和音で弾いてみてほしい（例えば、シとレのシャープを同時に弾く）。異様な違和感がたちあがるはずである。

また、九州に薩摩琵琶と筑前琵琶があるが、ピッチに関する状況は、三味線と変わらない。三味線よりも強いさわりがある分、西洋的なピッチの確定はさらに困難だろう。下座音楽（歌舞伎などでの効果音楽）として発展した三味線同様、西洋的な音程を求めるよりも前に、この楽器には効果音としての仕事が託されているのだと思う。

## 武器と楽器、戦いの代替行為としての音楽

この邦楽という旋法の音楽を、日本は、ヨーロッパが中世からバロック時代になっても、鎖国を敢行してその変化を受け入れず、加えて当道座の中に音楽家を囲い込むことによって、江戸という時代が終わるまで守り続けてきた。結果として、日本の邦楽は、江戸三百年の安寧の維持に貢献し、明治維新まで、対外戦争という暴力から国を守ったともいえるのだ。音楽が国を守る？　本当だろうか。

有史以来人類はずっと戦争をしてきた。音楽が人類の歴史に、どのあたりから入り込んできたのかはよくわかっていないが、音楽が軍楽隊という形で軍隊に取り込まれたのは、バロック音楽以降である。しかもそれは国境を越えて、あっという間にヨーロッパ全土に広まった。まるで軍隊が進軍するかのように。

歴史にタラレバは禁物だが、一五四九年に日本へやってきたザビエルがもし五十年後に来ていたら、嫋やかに教会旋法を歌っていただけのザビエルとは異なり、当時最新の西洋楽器

とともに、バロックの調性音楽が日本へ上陸することになっただろう。そうなると日本も、このバロック音楽の進軍に巻き込まれていた可能性がある。楽器を手にした文化的な侵略と、武器による軍事的な侵攻。どこかに共通点はあるのだろうか。

　西洋音楽の演奏に必須な「楽器」、つまりinstrumentというヨーロッパ言語の主な意味は「器具」である。それが音楽を奏でるときには「楽器」となり、戦いの道具として供される場合には「武器」となる。一方、邦楽では箏を「糸」と呼んだり、尺八を「竹」と呼んだり、柔和な隠語（ジャーゴン）のようで、嫋やかなことこの上なく、楽器を器具と捉える認識はない。ましてそれらが戦いの道具と近似であるなどとは、誰も想像しなかっただろう。だいいち、邦楽を担った検校たちは全員盲目なのだ。彼らは戦わない。それなら、ヴァイオリンを手に戦闘ができるのだろうか。

　古代のヨーロッパの戦いを想像してみる。

　右手に敵を倒すための剣を持ち、左手に身を守るための盾を握る。その盾を婉曲した木製の器に変え、左手を百八十度捩《よ》じって、器を顎にはさむ。そして、右手に持った剣を弓に替えると……ヴァイオリンという楽器にならないだろうか。戦うための武器としての盾と剣。その盾を握った左手をくるっと百八十度捩じることで、戦いを放棄し、戦うための器である

「武器」から、音楽のための器である「楽器」に変える。

さて、そうすることで、世界は調和と平和に満たされると、もしかしたら音楽の神ムーサ(Mousa)は夢想したのかもしれないが、残念ながら、人間はそれほど善良に生まれついてはいなかった。右手にはまだ、剣の替わりとなる弓を握っていたのだ。

言語表現を司る脳の領域と、利き手を制御する領域は同じだということがわかっている。バロック以後の西洋音楽は、表現者がものを言うこと、自らの意思を明確に表し、その主張を通すことで発展してきた。だから、この右手の弓の扱いが、西洋音楽発展のカギとなったのだ。

右利きの人の場合、言葉での表現をコントロールする手は右になる。そして弓や撥《ばち》（ピック）のある弦楽器はすべて右手で弓やピックを持つ。一見、ヴァイオリンなど、指板上でのミリ単位以下の細かい指の動きをするためには、右手の方が都合がよいようにも感じられるが、そうなると左手で弓を握らねばならず、脳の言語領域とのつながりが薄い左手では、十分にものが言えなくなってしまう。左手に弓や撥を持つように指定した弦楽器はこの世に存在しない。自らの音楽表現を主張するのは、洋の東西を問わず、すべからく右手に持った弓や撥なのだ。つまるところ、楽器で何かを主張するのは、かつて敵を倒すために剣を持ったのと同じ利き手なのである。

その利き手によるパフォーマンスが、弦楽器の弓の動きであり、ギターであれば右手のストロークになる。左利きのジミ・ヘンドリックスや、ポール・マッカートニーが、わざわざギターやベースの弦をすべて逆に張り替えて左手でピックを持ったのも、止むに止まれぬ思いからだろう。十六歳のポールが、四本の弦をすべて逆に張り替えたベースを持ってジョン・レノンとの練習に現れた、その切実さと、少年の勇気を思うと、胸が熱くなる。左利きの彼にとって、右手では何ものが言えなかったからだ。

## 利き手で喋るということ

利き手で喋るとは、一言でいうと、話者が、「どのように言葉を区切って話すか」という事と同義だ。それをそっくり音楽に置き換えると、「どのように音符を区切って弾くか」となる。その仕事が、弦楽器ではすべて右手に持った弓やピックで行われる。弓が剣の象徴だとすると、西洋音楽は、象徴的な意味合いにおいて、やはり、暴力と紙一重なのかもしれない。

ところで、その主張の方法、つまり喋り方だが、たとえば、ＡＢＣＤと四つ並んだ音をＡ／ＢＣＤと弾くか、ＡＢＣ／Ｄと弾くかは、つまりＡを弾いて次にＢＣＤをひとつのかたまりとして弾くか、ＡＢＣをひとつのかたまりとして弾いてからＤを弾くかは、利き手の動かし方ひとつで決まる。そしてそれは、「オ、ンガクニヤク、ド、ウガウマレル」と喋るのと、「オンガクニ、ヤクドウガ、ウマレル」と喋るほども違ってくるのだ。

## 舌（タンギング）で話すということ

では、管楽器の事情はどうだろうか。これは文字通り、舌を使ってものを言う。つまり口中でＴやＤの子音を発音すること（専門用語でタンギングという）、で音楽上のフレーズを表現する。だから、管楽器奏者はどんな複雑なリズムでも、そのリズムを口中で喋れれば必ず吹ける。逆に、難しいリズムやフレーズを前にして、口中でそのリズムが喋れなければ、何度楽器を持って練習しても吹けない。

この理論は実は、すべての西洋音楽の楽器にも当てはまる。ピアノでもヴァイオリンでも、とにかく難しいリズムに遭遇したとき、まず喋ってみることだ。それが喋れていれば必ず弾ける。

なぜ、そのように断言できるかといえば、西洋音楽そのものが、喋ることを前提に書かれているからだ。ここで私がいう「喋る」とは、もちろん書かれているリズムを正確に弾くことを指してはいるが、それだけではない。決定的に問題なのは、音楽をどう喋るかである。そこにこそ、表現力が潜んでいるのだ。ピアニストのメナヘム・プレスラー（Menahem Pressler）が九十歳を超えて来日した公演の録画で、「ピアノを弾くとは、ピアノで喋ることだ。喋れないのなら、ピアノを弾く意味はない」と語っていた。この言葉は、私には彼が「表現力がないのなら、ピアノを弾く意味はない」と訴えているように聞こえた。

ところで、ヨーロッパの管楽器に、前述したタンギングをしない管楽器はない。[*8] のみならず、驚くべきことに、世界中の管楽器の中で、タンギングをしないものは、ただ一国の例外を除いてひとつもないのである。その国とは、他ならぬ日本である。日本の尺八も篠笛も龍笛も篳篥もすべて、邦楽古典曲の演奏ではタンギングをしない。タンギングが音楽表現のカギになる行為であるとしたら、ではいったい日本の笛は何を語っているのだろうか。

＊8　スコットランドのバグパイプという楽器はパイプを口に銜《くわ》えてはいるが、タンギングをしない。が、

この楽器はまず皮の袋に息を吹き込み、膨らんだ皮の袋から今度は空気を押し出して演奏するもので、見かけは管楽器のようだが、構造的にはポータブルのオルガンのようなもので、吹奏楽器とは見なされない。同種のものはヨーロッパ各地にある。

## 言葉とは無縁の世界で鳴る日本の笛

何も語っていない。少なくとも西洋音楽的な意味合いにおいて、彼らは何も表現していない。尺八の音を指して、竹林に吹く一陣の風という比喩があるけれど、まさにその通りで、尺八を吹いていたといわれる虚無僧の眼前に観客はいないのだ。

では、彼は誰のために吹いているのか。誰のためにでもない。誰かのために、誰かに何かを言いたくて吹いているのではないのだ。したがって、タンギングなどする必要はない。話すことは何もないのだ。日本の笛は、言葉とは全く無縁の世界で鳴っている。西洋音楽とは真逆の、ある種の精神性を湛《たた》えた、それゆえ美しい世界観だと思う。

しかし明治期になって、当道座が解体され、それまですべて口伝であった邦楽に、西洋式にアレンジした譜面が整備されるようになる。その頃から、古典曲でなければ尺八奏者は自由にタンギングするようになった。そのようにして、尺八も加わったビッグバンドを従えて、演歌や歌謡曲というジャンルも生まれた。尺八や篠笛で、フルートやサックスを吹くようにして今では楽しく和洋とり混ぜた楽器で音楽をやっている。

そうやって日本の邦楽器はどんどん西洋音楽のレパートリーに進出していく。伝統という領域の垣根はこのようにして崩れてゆくのだろう。尺八にフルートやクラリネットのようなキーがつくようになるのは時間の問題かもしれない。そのとき彼（女）は本来喋ることを拒んできた寡黙な竹を持って、いったい何語で何を語ろうとするのだろうか。

## 戦うための楽器と背を向ける楽器

どれだけ他との差別化を図れるかを眼目に発達してきたのが西洋楽器である。端的に言えば、どれだけ自分のエゴを通せるかが成否の分岐点になる。それはいきおい楽器の性能拡大にもつながった。すなわち、より大きな音、より高い音、あるいは低い音、そしてより美しく特徴のある音の追求である。そのため、一見、十六世紀から変化がないように見えるヴァイオリンも、発音体である弦の材質は、めまぐるしい変化と進歩を続けている。

世界では、毎年のように、新たな音色音質を求めて弦の新製品が登場している。が、日本製の弦で、プロの演奏家の使用に耐えうるものはひとつもない。音色や音質に対する感性を養ってこなかった、日本の音楽教育に起因するのだろうか。創造性と想像力に欠ける耳では、新しい音を造り出すような音楽の根幹にかかわる仕事は難しいのだろう。一方、皮肉なことに、音の発生を消したサイレント楽器は日本の独擅場である。

邦楽器に目を移すと、数百年間、その構造や材質に本質的な変化はない。箏の絃も基本的に絹だし、使われる琴柱も今では流通していない象牙のものを大切に使っている。尺八も竹に穴を開けたシンプルな構造を（今のところ）守っている。繰り返すが、邦楽は戦うための音楽ではないのだ。他との差別化を図ったり、自らの主張や表現を押し通す、もしくは押しつけるために存在するものではない。ただそこに音がある。そしてその奏でられる音は、自然という人工の対極にある世界に溶けてゆく。

自然の美というと、日本人はそこにことさら価値をおきたがるが、眼前にいくら美しい光景が広がっていても、実はそれを芸術とは呼ばない。なぜなら、人が創ったものではないからだ。芸術という概念は、自然に対峙し、とことん人の手によって、つまり人工的に作られたもののみを指し示す。であるならば、邦楽器の奏でる音は、西洋的な芸術とは真逆の方角に向かって鳴っているのだ。そう考えると、尺八は竹に穴を開けただけで十分なのである。別に他と競って、不毛な覇権を争うために吹いているのではないのだ。

だから、大劇場で、正座した奏者の緋毛氈《ひもうせん》の下にコンタクトマイクを忍ばせ、増幅された音で聴かせる、今日しばしば行われている邦楽の演奏会には、その演奏様態に根本的な疑問を感ずる。私ですら、音の出所が壁に埋め込まれた常設のスピーカーであることに気がつくくらいだから、もしも、作曲者である、健常者よりもおそらくはるかに鋭い耳を持った盲目の検校さんがこうした演奏会にいたら、いったいどう思うだろうか……というくらいの想像力は、邦楽演奏家諸氏には、観客動員に精を出す労力の半分くらいは持っていてほしいと思うのだ。

一方、同じ管楽器であるフルートも、十六世紀頃は、象牙の菅に穴を開けただけのものであった。それが、バロック音楽の勃興とともに、その機能は一気に拡大の方向に舵を切る。材質が象牙から木製にそして金属になり、様々な装置が、一本の管にまとわりつくように装着された。その結果、音域も音量も増大し、ピッチはより正確になった。

こうした改変の目的は、他との差別化、そしてその優位性をもとに表現力の戦いに勝つためである。広い音域と音量域、正確なピッチがある方が優位に立つ。このように西洋楽器は、演奏者の主張を貫徹させ、競争に勝つためにふさわしいものへと変わっていった。端的に言えば、楽器は、個の主張を限りなく通すために設計されたのである。この「楽器」と「武器」を左手を捩じるように入れ替えてみる。武器は、個の主張を限りなく通すために設計された。……あらためて、西洋音楽は暴力と紙一重と思う。

　ウィーン国立オペラ座、ウィーンフィル、夏のザルツブルク音楽祭。絢爛たるクラシック音楽文化を原資に観光立国として知られるオーストリアだが、その意外な産業として銃や機関銃などの小火器生産とその輸出がある。軍事オタクならグロック（Glock）とかステアー（Steyr ドイツ語読みではシュタイアー）と聞けば、知らない人はいないだろう。オーストリアの世界的な銃やライフル、機関銃や迫撃砲のメーカーである。中でもシュタイアーは十九世紀、グスタフ・マーラーがウィーンフィルを振っていた時代から続いている。ウィーンには、家族を含めると十万人に及ぶ関係者を擁する国連の第二機関があり、国際平和への取り組みが日々続いているのだが、一方、オーストリア製の銃器は世界中に輸出され、およそ世界のありとあらゆる戦場と犯罪組織で使われているのだ。

　もっとも、政治と音楽は別であると、ずっと、我関せずを通してきたのもクラシック音楽だ。一九五四年から二十年も続いたヴェトナム戦争の間、反戦を表明した著名オーケストラ

かわり、教会から守られ続ける保証を手にしたのだ。その引き換えに、彼らは芸術を前進させることを諦めたととられても仕方がない。
あろうことか、その間にイスラム世界では学芸が発展し、ヨーロッパを大きく引き離した。ヨーロッパはすべての学問分野で、イスラム世界に遅れをとったのである。

## 宗教、政治、そして戦争の影

私は長い間、なぜ彼らが急に教会旋法を捨て、調性で音楽を書くようになったのか、その理由がわからなかった。しかし、千年もの間、旋法でしか作品を書かなかった理由が、もし教会にあったのなら、それをやめた理由もまた教会にあるのではないかと思って、キリスト教の歴史を振り返ってみた。やはり、変化の予兆は宗教と政治、そして相変わらず、戦争が影を落としていた。

一四一五年　キリスト教改革派（プロテスタントの母体）のヤン・フスの処刑
一四一九年　フス戦争

一四三一年　フス派の援軍によるポーランド王国とドイツ騎士団戦争
一四五八年　フス派の貴族イジー、ボヘミア王となる
一五一五年　教皇レオ一〇世の贖宥《しょくゆう》状
一五一七年　ルターの宗教改革
一五二四年　ドイツ農民戦争
一五二六年　オスマン帝国によりハンガリー王国崩壊
一五三一年　プロテスタント諸侯によるシュマルカルデン同盟
一五三四年　英国国教会の成立
一五四六年　シュマルカルデン戦争
一五五五年　カトリックとプロテスタントの共存を目指したアウクスブルクの和議。しかしそれでも収まらず
一六一八年　三十年戦争勃発

プロテスタントの出現により、カトリック教会の一枚岩が徐々に崩れていったさまが見て取れると思う。そして、この戦争の時代と、教会旋法から、調性の音楽へとヨーロッパ音楽

が徐々に移行していった時期が重なる。

決定的なのは、ヨーロッパ全体を巻き込んだ三十年戦争だろう。西洋音楽が戦争と親和性をもつことについては前章で何度も触れたが、ここでもやはり、八百万人以上の死者を出したといわれる三十年戦争の間に、才能ある大量の作曲家、演奏家によって、バロック音楽はその覇権を広げてゆく。そして、いったんバロック音楽が始まると、ヨーロッパの作曲家たちは誰も、一度も、後ろを振り向かなかった。つまり、それ以後、二十世紀に入ってテリー・ライリー（Terry Riley）らによるミニマルミュージックが現れるまで、誰も旋法で音楽を書こうとはしなかったのだ。

## 調性音楽と階級が形成する壮大なヒエラルキー

調性音楽の中身をちょっと覗いてみる。

和音とは何か？　まず、その基本を示してみよう。

長調か短調の、音階にある音を下から順番にひとつ置きに三つ重ねて和音を作る。音を三つ重ねるのでこれを三和音という。

例えばハ長調なら、ドレミファソラシの音階のうち、まずドを選ぶ。次にその上にあるレを抜かしてミを選ぶ。次のファを抜かしてソを選ぶ。この三つの音を低い方から順番に重ねると、ドミソの和音ができあがる。これがハ長調Ⅰ度の和音。

同様に、次のレの上だと、レファラ、これがⅡ度。

ミの上だとミソシ、これがⅢ度。

ファの上だとファラド、これがⅣ度。

ソの上だとソシと音をひろって最初に戻り、ドをとばしてレを重ねてソシレ、これがⅤ度。

次のラの上だとシをとばして最初に戻り、ドを選び、次のレをとばしてミを選ぶ。この三つを重ねてラドミ、これがⅥ度。

次のシは、同様の操作でシレファ、これがⅦ度。これで、ハ長調の音階の上にある三和音が七つすべて揃った。この和音の中身をもう少し説明しよう。

まずⅠ度の和音。これを主和音と呼ぶ。調性の音楽で、極めて特徴的なのは、始めと終わりの主和音を絶対的な頂点とする階級性だ。それは、和音進行上の規則の中で厳格に定められている。調性の音楽は必ず主和音に始まって主和音に終わる。

そして、曲を終わらせる主和音に進行することのできるのは、右に揚げたⅤ度の和音だけである。これをドミナント（Dominant）和音と呼ぶ。そしてこのドミナント和音に進行する最優先権があるのが、Ⅳ度の和音。これをサブドミナント（Subdominant）和音と呼ぶ。

ドミナント和音のことを日本では「属和音」というが、誰が考えたのか知らないが、最悪の訳語である。なぜなら、和声進行における Dominant の意味を全く反映していないからだ。

ドミナントとはいうまでもなく優越しているという意味である。では何と比較して優越しているのか？　それは主和音以外の他のすべての和音と比較してだ。では、何をもってして優越しているといえるのか？　それは、この Dominant 和音だけが主和音に進行する権利があるからである。その点を理解していたら、属和音などという的外れな訳語は出てこないはずだ。しかも、いまだに日本中の音楽関係者が、この属和音という単語を使っている。ここでも釦は掛け違ったままなのだ。

この、ドミナント＝優越、という言葉が象徴的に示しているように、つまるところ、調性音楽において、ひとつひとつの音は平等ではないのである。ではその頂点に立つ、主和音の中の一番大切な音、ドミソのド音、これを主音と呼ぶ。が、ではいったい主音とは何だろう？

「神だよ」

年に一度大晦日のミサだけには教会に顔を出すという、不敬虔なオーストリアの友人がそう言った。

そういう意味ではこの音を「主」音と訳したのは、まあ偶然だろうが（「属音」などという訳語を作った先人たちをおだてていえば）、霊感に満ちているといえるのかもしれない。つまり、主音に始まって主音に終わる、神に始まって神に終わる、あるいは王に始まって王に終わるといっても、権力に始まって権力に終わるといってもよいが、壮大なヒエラルキーを形成しているのがヨーロッパの音楽なのだ。したがってその中には細かい「階級」が様々に作られている。和声学の本には、主音を絶対的な存在とする階級性（ヒエラルキー）を保つための様々な決まりが、まるで法律書のように綿密に書かれている。

ところで、調性音楽にあって、ドミナントではなくサブドミナント和音からいきなり主和音へ進むことが許される場合がある。それは讃美歌の終結部、「アーメン」と歌われる部分だ。これも、教会の中にあっては、つまり神の前にあっては、階級の箍《たが》が外れることの暗喩のようでいて興味深い。

もうひとつ面白い例を示唆しておく。前掲の「法律書のような」和声規則を敢えて、意図的に破り、逆に読んで音楽を書いてみる。例えば、本来、Ⅳ度からⅤ度への進行が規定されているのに、Ⅴ度はⅣ度にしか進行できないことにしてみる。すると、あっという間に旋法の音楽に逆戻りしてしまうのだ。まるで、熱で氷が、旋法の海の中に溶解していくように。和声学があれだけ詳細に厳格に禁則のバリアを張り巡らせたのは、もう絶対に旋法で音楽を書いてはいけないという、決意表明であったようにも感じる。

## 奇妙に関連する二十世紀の音楽の発展とヨーロッパ社会の変貌

本書の冒頭に挙げた新古典主義の時代、当時の日本からの留学生の頭のはるか上を通過して、オーストリアの作曲家アーノルト・シェーンベルク（Arnold Schönberg　1874-1951）やアントン・フォン・ウェーベルン（Anton von Webern　1883-1945）が挑戦したのが、調性音楽における階級性の解体だ。つまり、どこにも主音もなければドミナント（優越）音もない、すべての音を平等に取り扱って音楽を書こうとしたのである。

シェーンベルクはそれを十二音音楽と名づけ、一九一〇年代から二一年までに完成させていた。彼は百年後には、この十二音音楽が世界の音楽の主流になると本気で思っていた。が、百年経った今、それが儚《はかな》い夢に終わったことは、私たちがよく知っている。

ただ、シェーンベルクが十二音音楽という平等な音の世界を夢見ていたその時期は、ロシア革命と重なる。ロシア革命の胎動に気づいていたかどうか、私の知る限り、彼は何もその点に関して語っていないが、二十世紀の音楽の発展とヨーロッパ社会の動きは、奇妙な連関を見せているように思えてならない。

シェーンベルクは一九一八年、私的演奏協会を設立して、地道に、自ら受付に立ってまで、十二音音楽を中心に据えたコンサート活動を始める。そしてその年、ロシア革命が終わる。ソヴィエト連邦の樹立が一九二二年。カッコ付きの平等国家連邦の完成だ。ちなみにその翌二三年、シェーンベルクは作品番号二十五『ピアノ組曲』で、完全な形で、すなわち、自ら作り出した音楽技法から一歩も踏み外すことなく書かれた、十二音音楽による作品を発表し、十二音技法を完成させる。

そして次に音楽が大きく動くのが、一九四五年以後だ。十二音音楽の出現のおかげで、もう調性に気を使うことはないのだ、とばかりに、第二次大戦後の自由な空気の中で、作曲家たちは様々に独自な方法で曲を書き始める。ところが、「平等」を旗印に掲げたはずのソヴィエトのスターリンは、この、音が平等に扱われる音楽を徹底的に弾圧した。そしてその路線はスターリンの死後も続いた。

あの時代、無調や十二音で作品を書いてソヴィエトを生き抜いた作曲家はいない。つまり、そのような前衛はすべて粛清（抹殺）の対象となったのだ。それこそが、ソヴィエトの共産主義にカッコをつけなければならない大きな理由のひとつだ。もしソヴィエトが、本当に人々が平等に生きる社会を作り上げていたら、ひょっとしたらシェーンベルクの夢は実現していたかもしれない。

平等を謳ったはずの国家がなぜ、音を平等に扱おうとした作曲家を支援しないどころか、粛清までしたのか、それは言うまでもなく、ソヴィエト連邦が、スターリンを筆頭とする独裁国家でしかなかった、という証である。皮肉にも、階級闘争の果てに生まれた似非《えせ》社会主義国家では、階級性を体現する調性音楽こそが、為政者にとって、その地位を保守するために必要な音楽だったというわけだ。

実際、何百万人もの（一説には一千万人以上）粛清者の犠牲の上に、ソヴィエト内部では音楽的な徹底した保守化が進む。だが、意外にも、ソヴィエト連邦はその間、五十年代から六十年代にかけて経済的な安定と発展を見る。

一方西側ではソヴィエトの保守化をよそ目に、様々な音楽上のあるいは文化上の実験が活発に行われた。各国の放送局がこぞってオーケストラや合唱団を作って、現代音楽中心のプログラムを組んだのもこの頃である。何々放送交響楽団という名称で呼ばれるオーケストラだ。ちなみに、日本のＮＨＫ交響楽団が日本交響楽団から日本放送協会交響楽団、つまりＮＨＫ交響楽団に変わったのも一九五一年である。ヨーロッパの潮流に乗ったのだろう。

それはともかく、西側世界では、ようやく現代音楽隆盛の時期が到来するのだが、それは甘く見積もっても半世紀にも満たない短い期間だった。そして、一九九一年ソヴィエト連邦は崩壊する。現代音楽が徹底的に飽きられて、愛想をつかされてきたのはその頃からである。そして今日でも世界の音楽界を支配しているのは、まるで、現代の階級社会そのままを体現しているかのような、調性音楽なのだ。

## 軌を一にする、産業革命とオーケストラの隆盛

ウィーンから車で小一時間のところにアイゼンシュタットという街がある。作曲家ハイドン（Franz Joseph Haydn　1732-1809）の住んだ街として知られている。彼はその領主であったエステルハージ家の宮廷楽長として、一七六一年から一七九〇年まで、人生の大部分をかの地で送った。宮廷楽長とは、要するに常任指揮者である。しかし、その仕事の範囲は現在

の常任指揮者よりはるかに広い。何といっても、所属する宮廷のために作曲をしなければならない。ハイドンは在任中の約三十年間に百余曲の交響曲を書き、自らの楽団で初演した。バロック時代に始まって着々と発展を遂げたオーケストラという演奏形態は、十八世紀中葉にはヨーロッパ音楽の主役として地歩を占め、名だたる領主たちがそれぞれお抱えの宮廷楽団を持つまでになっていた。その隆盛ぶりは、ヨーロッパにおける産業革命という社会経済の大変革と軌を一にしている。

産業革命によって、多くの労働者を抱えることになった企業が、ＣＥＯからＣＯＯに至るまでの役職を整備したように、オーケストラという、七十人から百人の演奏家を擁する組織もまた、階級的なコマンドの伝達システムを作り上げた。

命令（コマンド）は、指揮者―コンサートマスター―弦楽器のソロ奏者―トゥッティ奏者（ソロ以外の合奏奏者たち）の順に、あるいは管楽器なら、一番から二番三番奏者へと伝達され、逆はあり得ない。そのような合奏のルールは、少人数で演奏される室内楽では発生しなかったことだ。例えば、弦楽カルテットで、第一ヴァイオリン奏者がコマンドを出し、それが他の三人の奏者の意見に優先して実行されるなどという事態は、（通常）起こらない。

オーケストラでは、指揮者のコマンドは絶対である。リハーサル中に指揮者と演奏家の意見が対立し、そこで議論が始まるなどという事態には、まずならない。同様に、コンサートマスターをはじめ、弦楽器の各セクションの長もまた、そのセクション内で、指揮者からのコマンドを徹底させる任務を果たす。ここでもまた、意見の対立は、もしあったとしても表面化されることなく封印される。つまり、団員全員が「オンガクニ、ヤクドウガ、ウマレル」と読もうとしても、指揮者が「オ、ンガクニヤク、ド、ウガウマレル」なのだ、と言えば、演奏家は従うしかない。ストレスは溜まる。

しかし、ここにある種強烈なアイロニーが潜んでいる。

聴衆が日本語を理解していれば、「オ、ンガクニヤク」などというフレージングはおかしいと即座に気づくだろう。しかし、もし聴衆の誰も日本語を理解していないとしたらどうだろう。「オンガクニ、」と演奏されようが、「オ、ンガクニヤク」と演奏されようが、その違いに何ら違和感を覚えないだろう。

今、この文脈の「日本語」を「西洋音楽」と入れ替えてみる。西洋音楽を深く理解していない指揮者が（残念ではあるがそんな人もいる）西洋音楽的には奇妙なあるいは明らかに誤ったフレージングをつけたところで、西洋音楽がわからない聴衆には正誤の判断ができない。ならば、結局、どうでもよいことなのだ。目くじらを立てるまでもないではないか、と、思うことにして、自らの憤懣《ふんまん》を胸の内に押し込めているオーケストラ奏者はきっといる（西洋音楽がわからない聴衆？　それが誰のことなのかは後の章に譲る）。

　また、通常、企業内では、個人業績や年功によって昇進が期待できるが、オーケストラ団員に昇進はない。例えば、二十三歳で、空席の出た第二ヴァイオリンのトゥッティ奏者（ソロ以外の合奏奏者）ポジションのオーディションに、七十倍の合格率を突破して合格したとしても、彼（女）は約一年の試用期間をクリアして定年を迎えるまで、基本的にずっとそのポジションから動かない。もし、ソロポジション（各ヴァイオリンセクションの長かコンサートマスター）に空席が出ても、外部からの応募に交じって再びオーディションを受け、そこを突破しなければならない。しかもそのような空席が出るのは、ひとつのオーケストラで数年に一度あるかないかである。若い頃は、他の都市や国外のオーケストラのオーディションに挑戦し続けるガッツもあるが、それも家族ができたら難しいだろう。

　管楽器も事情は同じである。二番オーボエで入団した者に、明日のコンサートで一番を吹いてくれなどという依頼はまずない。ずっと定年まで、主旋律を吹くことのない二番の位置に置かれる。この、まさに、前近代に完成したオーケストラという、前近代的で非民主的なシステムは、二十一世紀になっても変わる気配がない。

さらに、団員の聴覚に関する健康被害も静かに進行しているという。だが、正確な実態は掴めていない。私に、実は片耳が全く聴こえないと打ち明けた著名オーケストラの団員が二人いる。聴覚の問題だけに、音楽家はまず口に出して言わない。今では、トロンボーンやシンバルのそばで演奏する弦楽器奏者で耳栓をしている人は多い。

「耳栓？　それじゃ、自分の音も聴こえないでしょ」

と、ナイーヴな質問をすると、「自分の音なんて、トゥッティ奏者はそもそも聴こえてないんだよ」と返された。

インドや中央アジア、北欧の弦楽器に、それぞれの弦の下にもう一セット共鳴のための弦が張られているものがある。共鳴弦というが、オーケストラにとって、トゥッティ奏者には、この共鳴弦的な役割も求められている。多くの音楽的発言をするのは、最前列に座っている奏者（彼ら彼女らは自分の音もよく聴こえるはずだ）に期待されていることで、弦楽器群の奥の奥までの奏者がソリストのように弾かれては、逆に、個の音同士の主張が干渉し、全体として美しく響かないのだ。トゥッティ奏者にとって、自分の音は朧《おぼろ》げに聴こえるくらいで丁度よいのだろう。世界的なコンクールの入賞者ばかりで弦楽器を編成したオーケストラが、必ずしも豊かな響きを持っているとは限らないのはそのせいかもしれない。

## オーケストラにおける平等という実験

一九七〇年代に、そんな非民主的な演奏形態に異を唱えたオーケストラが出現した。まず、指揮者を排除したのだ。発足当時のいきさつは知らないが、これに快哉《かいさい》を叫んだ演奏家は多かっただろう。自分よりも音楽的に秀でているとは思えないような指揮者から、ああしろこうしろと「コマンド」を出され、ほとほと嫌気がさしていただろうからだ。

私のウィーンでのプローベ（リハーサル）体験は前述したが、その体験から言わせていただくと、世界中に優れた指揮者は何人もいる。が、駄目な指揮者もその数倍くらいはいる、というのが実感だ。指揮者は音を出さないので、その能力を見定めるのは、実際に指揮者の下で演奏していると、逆に難しい。音を出しているのは演奏家自身だからである。

この新しいオーケストラは、トゥッティ奏者という概念を変革して、コンサートマスターも団員が順番で務め、管楽器の一番二番も固定しないという、オーケストラにまとわりつく非民主性を捨て去る、大袈裟に言えば「階級闘争」を企てた。

彼らの出現には、私も多くの期待を抱いたのだが、結局のところこの試みには否定的な感想を持った。指揮者がいないので、楽器の入りが今一歩揃わないとか、細かい技術的な点を抜きにしても、本質的にこの試みは発展性を持たないと思った。つまり、同様のオーケストラが世界中に現れて、指揮者という職業がなくなり、オーケストラの演奏形態の概念が変わるような事態には至らないと判断したのだ。なぜなら、クラシックのオーケストラ作品の成立自体が、そもそも民主的とは言い難い土壌の上に生育したものなのだから、そのような音楽を再現する際には、やはり指揮者という専横者によって管理された、非民主的で前近代的な合奏システムが必要なのである。

　過去のすべての作曲家たちも、非民主的と思ったかは別として、そのような管理者のもとにあるオーケストラを前提に管弦楽曲を書いているのだ。その専横部分を捥《も》ぎ取って民主化してしまうと、まさに角を矯めて牛を殺す状態に陥ってしまう。方向舵をなくした乗り物のように、オーケストラ全体が何を言いたいのか、どのような音楽的メッセージを発しようとしているのか、そもそも音楽をどこに持ってゆこうとしているのか伝わってこない。指揮者カラヤンに、オーケストラとはドライヴするものではなくキャリー（運ぶ）するものだ、という至言があるが、言い換えれば、オーケストラとは、やはり誰かに「運ばれる」つまりは支配される存在なのである。

## 音楽に潜む、支配と被支配の構図

調性の音楽はすでに四百年以上続いている。しかもそれは、地上のあらゆるスタイルの音楽に浸透している。その理由はなぜか。そこに、人類の大好きな競争の原理を組み込んでいるからだ。調性音楽は、たった一人に、ひとつの声部に、歌う権利を与えた。その瞬間に、音楽に支配と被支配の構図が生まれ、競争が始まった。社長になりたいのは皆同じ、でもなれるのは一人。従うより命令したいのは皆同じ、でもできるのはただ一人。これは現実の人間社会の縮図に等しい。だから、調性の音楽は黙っていてもすぐに権力と繋がる性質を持つ。音楽家は決してそれに無自覚であってはならない。理由はどうであれ、西洋音楽は教会という権力に、千年もおもねっていたのだ。そして、教会のくびきから離れて始まった調性の音楽が、次に後ろ盾にしたのが貴族だった。それがフランス革命まで続く。

では、一七九九年以降現在まで、音楽が依拠したものは何かといえば、それは資本主義だ。その間ずっと、現在まで、音楽は調性の世界からも、資本主義からも離れることはなかった。

市場を求めて増大を続けるのが資本主義だ。かつて私は拙著『西洋音楽論』にこう書いた。

アラブ・アフリカ圏、パキスタン、バングラディッシュ、インド、中国の広大な農村地域等々、世界には西洋音楽が浸透していない処が山のようにある。その広大な非西洋音楽地域を世界地図で見てゆくと、それは、資本主義の〈恩恵〉に浴していない地域に当てはまるのではないかと思った。もしかしたら、資本主義を押し広め、市場を開拓するには、戦争をするより、モーツァルトからロックに至るまでの〈階級制〉に満ちた調性音楽が、最も有用な手段だったのではないだろうか。これなら人を殺さなくて済む。

資本拡大のために、西洋音楽は涙ぐましい変化を続けた。より強い音を求めて基音のピッチが上がれば、今では一台数十億円はするというヴァイオリンのストラディヴァリウスですら、惜しげもなくネック（首の棒状の部分）を切って短くし、当初の羊腸弦からさらに強い張力にも耐えうる人工素材を開発し続け、ピアノの形は巨大化の一途をたどり、木や骨をくりぬいて穴を開けただけの管楽器にはまるで、点滴の管に巻かれてＩＣＵに横たわる人間のように様々な金属製のキーが装着され、本来、男性によってのみ演奏されていたクラシック音楽が女性にも門戸を広げ、ヨーロッパ人のみによって演奏されていたオーケストラには常にアジア人も席を占めるようになり、ヨーロッパ言語以外を話す、多くの地域で行われるヨーロッパ言語に依拠しない演奏にも、全く異を唱えず受容し続ける、エントロピー増大を絵に描いたような状況が西洋音楽の現状だ。それを発展と呼ぶかどうか、私にはわからない。

将来、音楽を取り巻く状況が変わり続け、もはやモーツァルトとシューマンの違いさえ皆目わからなくなったとしても、演奏家のうち、ほんの一握りの才能の持ち主は、エントロピーが増大する前の、原初の音楽の轍《わだち》から連綿と続く、本物の「音楽の核」のようなものを持っていて、いつでもモーツァルトやシューマンを呼び出せると信じているのだが……。

果たしてそのとき、その美しさを共有できる者が何人いるだろうか。否、もしかしたらすでに、読者であるあなたも、モーツァルトもシューマンもその本当の美しさがわからないまま、理解しているつもりになって拍手を送っているだけなのかもしれない。

それでは、そのような音楽ファンに大きな影響を与えている日本の音楽評論家は、例えばモーツァルトをどのように理解してきたのだろうか。

批判7

# 誰もが吉田秀和を讃えている

ふと思う。音楽批評家とは、奇妙な職業である。野球評論家のほとんどすべては、元野球の超一流選手たちである。ほぼあらゆるスポーツの評論家が、かつての第一線プレイヤーだ。ならばいったい音楽評論家は自分のどんな能力を信じて評論しているのだろうか。いったい何を根拠に、優れた実績を持つ指揮者や演奏家に対して、テンポが速いとか遅いとか、音が美しくないとか、あるいは逆に、壮絶とか完璧な技巧とか世界最高峰とか壮麗とか壮大とか凄絶などと、わけもなく興奮して断を下しているのだろう。

## 滑稽な音楽批評

そとでさんざん遊びほうけた末、泣かされてきた子が、家の敷居をまたぐなり『おかあ』と強く叫んで、急に流れ出してきた涙と一緒に後の『さん』という音を呑みこんでしまったかのようだ。

これは、日本の演歌に添えられたことばではない。モーツァルト作曲『戴冠ミサ曲』（K317）の吉田秀和による批評文である（吉田秀和著『モーツァルト その音楽と生涯』）。同曲の冒頭kyrieの、強音から弱音に変わる部分に関して、吉田が述べた感想だ。

最近この一文を目にし、しばし茫然と天を仰いでしまった。何か気味の悪い、濁ったインクで書かれたメモを呑み込んでしまったかのような不快感を覚えた。そして唐突に、数十年前、ウィーンで開かれた立食パーティーで、寿司の屋台に並んだヨーロッパ人たちが、一流の寿司職人が握った寿司に醤油をどぼどぼとかけて、満足げに食べていた光景を思い出した。醤油つまりsoy sauce（ソイ・ソース）という名前から、ヨーロッパ料理にかけるソースのように、にぎり寿司にもたっぷりとかける方が美味だと思っているのだろう。

異なる文化圏に育った文化を、自国の文化を物差しにして理解しようとすると、ほとんどの場合、滑稽な誤解が生じる。そしてその滑稽さが、「異なる文化」を知らない人には容易に判別がつかない。あのとき周囲にいたヨーロッパ人の誰も、醤油に浸かったにぎり寿司を注意しなかった。

吉田がKyrieを「おかあさん」という日本語で叫ぶ男の子の姿に仮託して感得した姿は、モーツァルトという超一流の作曲家が書いた作品に醤油をどぼどぼとかけて、美味しそうに頬張っているかのように今の私には映る。

Kyrieから「おかあさん」という日本語を想像するのは、まあ見方を変えれば、ユニーク

**W・A・モーツァルト作曲『戴冠ミサ』自筆譜**

と言って言えないことはないが、その珍奇さは、モーツァルトの音楽の持つ、混じりけのない美しさと比べて、あまりに滑稽なばかりである。いくら荒唐無稽な妄想が得意とはいえ、十八世紀末にオーストリアで書かれた音楽を、昭和初期とおぼしき日本の日常に置き換えて語るのは、やはり筋違いだ。

　この『戴冠ミサ』の冒頭、モーツァルトは、Kyrie と混声合唱で歌われるたった一語の中に、強音から弱音への素早い変化をつけることで生まれる、その透き通るような残響を、教会の高い天井に留めることを狙っている。そして直ちに、音楽の躍動を弦楽の整然としたリズムに受け渡す。明澄で洗練された何か大きな存在が、Andante maestoso（荘厳に歩くように歩を運んで）とモーツァルトが五線譜の上下に書き記した表記そのままに、一歩一歩悠揚とこちらに迫ってくる。前頁に掲げたのはモーツァルトの自筆譜だが、いったいどのような妄想をすれば、この譜面を見て（読んで）合唱部分のKyrieから「おかあさん」という子供の叫びが聴こえてくるのだろう。勿論、これを歌ったヨーロッパの合唱団員の頭に「おかあさん」などという日本語が浮かんでいなかったことは言うまでもない。

ＬＰやＣＤで膨大な数のクラシック音楽を聴き、その経験を基にあたかもクラシック音楽を深く理解しているかのような錯覚に陥り、その後評論を始めた音楽評論家は多い、というよりほとんどがその類ではないだろうか。

彼らが、モーツァルトのピアノソナタは、とかベートーヴェンのカルテットは、などと言いながら作品について言及するときは大概、その手元にあるのはＬＰやＣＤで、楽譜の存在は希薄だ。したがって、彼らの認識にあるのは、誰かが演奏した、つまり優秀な演奏家の解釈を通した、モーツァルトでありベートーヴェンなのだ。

いきおいそうした評論家の書く文章には浅薄さがつきまとう。譜面を読んでいないか、読んだとしても正確に読めていないので、独りよがりな、誤謬に満ちた「感想」が頻発するのだ。

この章の冒頭から俎上に挙げている吉田秀和の全集本にも、和声進行の異なる「月光ソナタ」と「第九」の主題動機が同じだとか、「運命」と「交響曲第四番」のそれぞれ一楽章冒頭部分の発想が同じだとか、疑問の余地が多すぎる、ことによったら失笑を買うような記述が至るところに、しかもおそらく、それらが初出のままの状態で掲載されている。

## Aimez-vous Brahms?（ブラームスはお好き？）

二十代、米国で指揮を学んでいた頃、毎週学内の室内オーケストラを指揮する授業があった。その折、自分が振る曲の演奏をとにかく事前に聴かないと不安でたまらなかった。聴いたところで、それは自分の解釈ではないし、オーケストラも、自分が振る学生オーケストラとはレヴェルが違う。筋立てて考えれば、そんなことをしてどうするのだ、と思うのだが、譜面だけから音楽を想像する力が圧倒的に弱かったのだ。頭の中で音像が繋がってゆかない。録音された音を聴けば、その瞬間に、演奏する指揮者とオーケストラの解釈が、自動的に脳に刷り込まれてしまう。それは結局、人まねをして棒を振っていることになるのだ。自らの信じるオリジナルな音がないのなら、指揮台に立って、演奏家にあれこれ指示を出す資格などない。

　そんな自分を、私は心底軽蔑していた。

　で、ある日、自分にとことん嫌気がさして、当時持っていた数百枚のＬＰをすべて売り払った。スピーカーから音楽の出ない生活は、ドラッグの禁断症状とはこんなものだろうか、と思うくらい苦しかった。が、ある一線を過ぎると、楽譜からの音楽の喚起力が少しずつ増大している自分に気がついた。そうなると、楽譜を読むことが、まるで立体感のある小説を読むようで、その、音のない音楽の空間に入り込み、あたかも作曲家と対話を交わすかの如く、時間を忘れて読みふけった。

　爾来、現在まで、自分の作品と、自分で指揮したり演奏したりした録音以外、全く音楽を聴かなくなった。もちろんＴＶなどで、他人の演奏が否応なく耳には入るが、直ちに消音ボタンに手が伸びる。私にとって、私が関与していない演奏とは、尾籠《びろう》なたとえになってしまうが、他人が使用した歯ブラシに近い。とても口に入れる気にはなれない。

　そうして、かつて繰り返し演奏家の録音を聴きまくって、クラシック音楽の勉強をした気になっていた過去があるからこそ、譜面を読んで、それを自らピアノで弾いて、あるいは歌って、作曲家が書いたものを逆にトレースしてゆく勉強と比べると、前者がいかに皮相《ひそう》的な行為であるのかがわかるのだ。

　しかし、アマチュア音楽愛好家にとっては、そのようなことを気にかける必要は皆無である。名曲の名演奏を様々に聴き比べるのは楽しい。そして、そのようにして聴いていると、きっと好きな作曲家、嫌いな作曲家、好きな演奏家、嫌いな演奏家が出てくるだろう。そうやって愛好家同士言いたいことを言い合い、それが高じて、レトリックを駆使した文章が発表できれば、さらに愉快である。

　一方、譜面を作曲家からの唯一の伝達手段として、音楽を読んでいるとどうなるのだろうか。

　まず、現在まで歴史のフィルターを潜り抜けてきた作曲家の作品に、駄作はないことに気がつく。したがって、作品に対する好き嫌いがなくなる。ブラームスはお好き？　などという発想がそもそも出なくなる。ブラームスが書いたものに好き嫌いの感情をさし挟む余地などないからだ。

　Brahms? Il est formidable（ブラームス？　彼は素晴らしい）としか言えないのだ。演奏家の場合も同様で、数十年の歴史のフィルターを潜り抜けてきた奏者の演奏に、つけられる文句は何もない。吉田のように、「周知のようにシゲティのヴァイオリンの音はたいして美しくない」などと言えるのは、私に言わせれば、彼がアマチュアの域を一歩も出ていないことの証である。

数年前、カナダの『トロント・スター』紙で、半世紀ほども音楽批評を書きつづけていた、ウィリアム・リトラー（William Littler）氏に「音楽評論家が仕事を失いつつあるというのは本当ですか？」と訊いたことがある。

「そのとおり。北米では、書く場所がなくなってきている。そもそも新聞をみんな読まなくなってきているから。批評に関していえば、北米の批評家の多くはジャーナリスト出身で音楽の専門家ではない。つまり、ブログで毎日のようにコンサートの感想を綴っているアマチュアの人たちと、聴く専門家という意味でいえば、大差ない。ブログは無料で、こちらは有料だ。だからクラシックの批評記事は減っている」

拍子抜けするような話だが、トロント・スターで五十年も音楽批評を書いている記者が、自分たちはアマチュアと大差ないとあっさり認めたのだ。クラシック以外に音楽を聴かない彼は、駆け出しの頃、ザ・ビートルズのカナダ公演での批評で、「最悪だ」と書いて、苦情の山が新聞社に届いた。彼は、そのエピソードを最後の記事にして、トロント・スター紙を退社した。

彼が勲章をもらったという噂は聞かない。

## 吉田秀和の暗部

文化勲章受章者である、吉田秀和をここまで私が批判するのには、理由がある。以下拙著『音楽の黙示録』から抜粋する。

私は、日本のクラシック音楽にまとわりつく権威主義を批判してきた。その権威と手を結び、なおかつ自らも権威となることを享受して、演奏家や作曲家に対して、繰り返し放言を続けたのが吉田秀和だ。

今、手もとに昭和一八年（一九四三）六月に創元社より出版された『永遠の音楽家』（リヒァルト・ベンツ）という一冊の翻訳本がある。昭和一八年という年は、東条内閣のもと、一月に内務省・情報局によって、レコードを含む英米の約千種類の音楽演奏が禁止になった年だ。同年五月にはアッツ島で二千五百人以上が戦死し、初めて玉砕という言葉が使われた。この本の訳者が吉田秀和だ。そして、創元社刊のこの書物の訳者略歴に「現在内務省勤務」とある。吉田は内務省情報局から日本音楽文化協会に出向し、終戦の前年の一九四四年には内閣情報局に移った。内閣情報局とは、国内の情報収集、戦時下における言論・出版・文化の検閲・統制を主な仕事とした情報機関だ。要するに、検閲をする側に回ったのである。

二〇一一年、あるインタヴューで彼は、内閣情報局での仕事を「配給の仕事」と述べている。吉田は、日本楽器（ヤマハ）が必要な、ピアノを製造するための鉄鋼、鉄筋の配給に便宜をはかったというような事を言っている。確かに、日本楽器浜松工場の資料では、一九四四年一一月までピアノ工場は稼働しており、その年には二三一台のピアノが製造された。が、何も吉田の尽力によって二三一台ものピアノが製造されたわけではない。前年の一九四三年には三一九台も製造されているが、その年吉田はまだ情報局にいない。逆に、吉田が情報局入りした一九四四年の一一月に生産は停止され、工場が再稼働したのは一九四七年である。同インタヴューで、吉田は、戦時中でもピアノの大切さを論じる役所が必要だったのだとも述べているが、内閣情報局は戦争に向けた世論形成、プロパガンダと思想取り締まりの強化を目的とした役所である。大戦末期にピアノの大切さを論じるような間抜けな仕事がメインであるはずがない。

日中全面戦争が勃発した一九三七年から終戦まで足掛け九年間も、彼はファシズムと手を結んだ政府のもとで、あるいは、その後ファシズムそのものとなった政府のもとで、検閲をする側の役人であったのだ。その間、吉田が英米音源の禁止にも何らかの形で携わっていただろうことは容易に想像できる。吉田は自著の中で、戦後、演奏会から締め出された指揮者フルトヴェングラーにも言及しているが、フルトヴェングラーが戦時中に演奏会をしたことで、ナチの協力者とされて公職追放されたのなら、吉田は、ファシスト政権そのものの内部にいたにもかかわらず、戦後悠揚と復帰し、批評・評論をはじめた。

検閲をする側にいた人間が、批評家になったのだ。

そういう人間に、日本国は勲章を与え、そういう人間の名前を戴いた賞がつくられ、若い批評家達は恭しくその受賞の栄誉に浴し、メディアは孤高不滅と形容して、いまだに賛辞を送り続けている。彼はきっと、闇の中から日本を操作し続けたかったのだろう。日本人音楽家の政治性の欠如を良いことに、情報局という公職にいた期間に関しては頑なに口を噤み、真実をヴェールの向こうに置いたまま死んだ。

ふと思った。

もし、ホロヴィッツやシゲティへの奔放な批評記事を書いていた吉田の、戦前戦中の過去が明るみになったら、サイモン・ヴィーゼンタール・センターは黙っているだろうか。いや、それをいうなら、吉田秀和全集がもし英訳されたら、その内容の危うさ、敢えていえば稚拙さに、日本人として心穏やかではいられない者は多いだろう。私も含めて。

# 批判8 ＝ 楽譜から見落とされる音

## 偉大な父

作曲家ヴォルフガング・アマデウス・モーツァルト（Wolfgang Amadeus Mozart 以下ヴォルフガング）の最大の功績は、息子に施した音楽教育にある。ヴォルフガングにとって、父レオポルト・モーツァルト（Leopold Mozart）の存在がいかに大きなものであったかは、彼ら二人の長期間にわたる往復書簡に如実に表れている。ヴォルフガングは、成人してからも、音楽的なことはもとより、演奏会で着る服装に至るまで、父の言うことを、父の死に至るまで、そしてその死後もよく守った。

ところで、父レオポルトはヴォルフガングが生まれるはるか以前から、著名な音楽家であった。そして、レオポルトの名前を不動のものにしたのは、一七五六年、奇しくも息子ヴォルフガング誕生の年に出版した『基礎的ヴァイオリン奏法』（Gründliche Violinschule）である。同書は、ヴァイオリン奏法と銘打ってはいるが、当時のヨーロッパ音楽全般に対する総合的本格的な理論書として、広く読まれ、尊重され、初版から十年後にはハーレムでオランダ語訳が、その四年後にはパリでフランス語訳が出版されている。

指揮者であり、音楽学者であり、かつては卓抜なチェリストとして自らの楽団

Concentus Musicus Wien でも演奏していたニコラウス・ハルノンクール（Nikolaus Harnoncourt）は、同書の現代ドイツ語訳への序文に「レオポルトは、息子を最高かつ完全な音楽家に育て上げたばかりでなく、文学、哲学、文化、自然科学をも教授した、天才的な教育者であった。この書の教えに従わない弦楽器奏者はいないはずである」と記している。まさしく、三百年近く前に書かれたにもかかわらず、同書は、現代の我々が読んでも示唆に富んだ指摘に満ちている。モーツァルトを弾こうとするなら、弦楽器奏者以外にとっても、必読の書といって過言ではない。

しかし残念なことに、日本の音楽大学で、この『基礎的ヴァイオリン奏法』をシラバス（大学の講義計画）に加えているという話は聞いたことがない。まして、弦楽器以外の学生も講師も教授も、おそらく同書の名前すら知らない者が大半だろう。同書を理解すれば、例えばピアニストたちの装飾音に対するアプローチが、間違いなく変わると思うのだ。

## 装飾音とは何か

およそ音楽用語の日本語訳は的外れなものが多いが、装飾音＝ornament に関しては、ほぼその直訳通りと考えて差し支えない。すなわち、装飾音とは、装飾することによってある音を強調するために付加された音である。

それなら、強調したい音を強く弾けばよいだろうと考えられるだろうが、十六世紀から十七世紀にかけての器楽演奏では、楽器の構造上、音の強さや弱さで目的の音を強調することが困難だったのだ。チェンバロもそして教会のオルガンも強弱の変化はつけられない。その一音だけ強く弾いてくれ、といわれてもできないのだ。そもそも、当時の器楽曲の譜面に、強くとか弱くとか書かれていない場合が多い。クレッシェンド（だんだん強く）など、少し時代が下ったモーツァルトでさえあまり書いていない。それでも、どこか一音だけ強調したい場合にはどうすればよいのか？

装飾音の第一義的な意味は、強弱の変化をつけることが不可能に近い楽器で、どうやったら楽器の音量に頼らずに音を強調する、つまり音にアクセントをつけるかという問いへの答えである。だから、若干専門的になるが、Mordent, Pralltriller, appoggiatura, acciaccatura などの装飾音はすべて、基本的にアクセントの代わりにつけられていると考えてもよいだろう。

## アクセントとidentity（アイデンティティ）

ヨーロッパ音楽の最大の特徴のひとつは、音楽という衣を被った言語表現にある。彼らは音楽で何かを喋ろうとする。逆に何も喋らずただただ音を鳴らしていたり、ただただ意味のない速弾きをしている演奏家は、音楽家として評価されない。ここで、あわてて付け加えておくと、この喋っている言語はヨーロッパ言語である。日本語ではない。

そして、その音楽の衣を被った言語表現において、重要な役回りを果たすのが強調（アクセント）なのだ。それは、ヨーロッパ言語と不可分に結びついている。そして、どんなヨーロッパ言語の、いかなる方言においてでも、置かれるアクセントの位置はずれない。この事実は決して見逃せない。アクセントの位置が地方によって移動する日本と比べると、その違いは大きい。

Music を英語では u にアクセントを置いて発音するが、どんなイギリスの地方に行っても i にアクセントを置いて Music と発音する人はいない。一方、同じ音楽を示す語 Musik をドイツ語では i にアクセントを置いて発音する。そして同様に、どんなドイツ語方言でも決して u にアクセントを置いて Musik と発音しない。つまるところ、ヨーロッパ言語においては、言葉のアクセントの位置が、その言語のさらにはその言語を共有する共同体のIdentityを担っているのだ。

言葉のアクセントはそのまま音楽のアクセントにつながる。楽器が未発達だったルネサンス時代、音楽表現の主体は声楽であった。人々が音楽で目指す表現は言語表現そのものの、「歌」に託されたのだ。強弱もアクセントもままならない、当時まだ未熟な楽器に言語表現を託すことはできなかった。その上、ルネサンス時代の旋法の音楽では、アクセントがつくことそのものが少ない。

そしてバロック時代、旋法から調性の音楽への一大変革が起きる。ヨーロッパ人たちは、発達してゆく楽器と並行して、楽器で何かを表現しようとし始める。だが、バロック時代の楽器も、漸進的な発達はしてはいたが、いまだ言語の代弁者としては不十分であった。強弱の変化に乏しかったのだ。これでは、ヨーロッパ言語の特徴であるアクセントがつかない。

そこで、器楽演奏に言語機能を付加する意味で考案されたのが、装飾音だったのだ。これで楽器の構造を変えず、その音量変化に頼ることなく、表現上の「アクセント」の付加が可能になった。ヨーロッパで、楽器が喋り始めた瞬間である。

さて、そうなると、演奏家たちは様々に自由に喋り始める。レオポルト・モーツァルトにいわせれば、生半可な和声知識をもとに好き勝手に、装飾音をつけ始めたのだ。それはきっと、非常にしばしば、作曲家の原初の意図を大きく超えて、歪曲して演奏される場合もあっただろう。

さてどうするか。どうやったら彼ら演奏家の暴走を止められるか。

前述の『基礎的ヴァイオリン奏法』の第九章に左記のような記述がある。

> 勿論、装飾音はすべて、通常の記譜法によって記述することができる。しかし、もし奏者が、元々はそこが装飾音で書かれていたことを知らず、通常の記譜法に直された譜面を見て、そこに装飾をつけたら、いったい本来あるべき旋律線や、ハーモニーはどのように崩壊してしまうだろうか。

そして、彼はこう続ける。

> 作曲家が当該音を装飾してほしくないと思ったら、その音を装飾音を使って記せばよ

**W・A・モーツァルト作曲ヴァイオリン協奏曲 KV218　自筆譜**

い。

ここは実際のモーツァルトの自筆譜を使って説明しよう。

上はＷ・Ａ・モーツァルトのヴァイオリン協奏曲ＫＶ２１８第二楽章（イ長調）の自筆譜コピーである（最上段がト音記号で書かれたソロヴァイオリンパート）。

最上段のソロヴァイオリンパートの丸で囲んだところを見ていただきたい。

最初の矢印部分は装飾音（前打音）をもって記述されているが、実際にはその次の矢印で示した部分と同様、十六分音符四つで弾かれる（この四番目の十六分音符Ｄについているのは汚れのように見えるがシャープ記号である)。レオポルトが言っている「装飾音はすべて通常の記譜法によって記述することができる」とはこのことだ。

ではなぜ、どうせ十六分音符四つで弾かれるのなら、最初からそう書かずに、わざわざ装飾音を使って書いたのだろうか。

ここでも、ヴォルフガングは父レオポルトの教えに従っている。

最初の矢印部分を、もし装飾音を使わずにラソファミと十六分音符四つで書いていたら、ラソファミのラの音に装飾を入れる演奏家が出てくるかもしれない。しかし、装飾音を使って書いておけば、そんな心配はいらなくなる。どんなに無分別な演奏家であっても、書かれている装飾音にさらに装飾音を加える者はいないからだ。

そうすると、装飾音を使わずに書かれた二番目の矢印のソファミレのソの音は装飾することが可能だということになる。なぜなら、もし、このソの音を装飾してほしくないとヴォルフガングが思っていたなら、この部分も装飾音(前打音)を使って書いたに違いないからだ。事実最初の矢印部分にさらに装飾を入れると、格調高い旋律は珍妙に変形してしまうが、二番目の矢印部分に装飾音が入っても、この旋律の美しさは損なわれない。

この、結局は通常の記譜法と同じ音になるのに、装飾音による記述と通常の記述との違いはどこから来るのだろうと、疑問に思っていた音楽愛好家は、読者の中にも多いと思う。モーツァルトの場合、ピアノ曲では頻繁に出現する。

私も子供の頃からそれに気づいており、疑問に思い、ことあるごとに、何人かの先生に訊いてきた。だが、いつも曖昧にはぐらかされていた。きっと、彼らも結局わからなかったのだろう。まあ、他人のことは笑えない。私自身、今世紀に入って、レオポルトの本を読むまで知らなかった。

さて、そうなると今度は想像が膨らむ。ヴォルフガングが、装飾されることを拒否するために敢えて装飾音で音符を書いたのなら、装飾音を使わなかったところは、基本的に、彼が装飾することを許可したということにならないだろうか。

「装飾音がついてないところは、構わないから自由にやってくれ！」

と、言われているようでならない。もしそうなら、私たちはいったいどれだけの音をモーツァルトの音楽から聴き逃してきたのだろう。だが一方、Ｗ・Ａ・モーツァルトにそう言われて、自信を持って装飾をつけられる者が、果たしてどれくらいいるだろうか。私自身、学生の頃、装飾音を考えてくれと頼まれて、手も足も出なかったことを思い出す。

あらためてＷ・Ａ・モーツァルトのスコア（総譜）を開いてみる。オペラやシンフォニーやコンチェルトや器楽曲の数々。装飾音のついていない、いくつもの音型をじっと見つめる。

「装飾してみろ！」

脳の深いところから聞こえてくる彼の囁きに勇気をもらうと、今まで私が聴いたことがないモーツァルトの音楽が、確かな立体感を伴って壮麗に立ち上がってくる……しばらく、そんな幻想に浸った。

# 批判9 ＝ 歌の翼

作曲家メンデルスゾーン（Felix Mendelssohn 1809-1847）が、ハイネ（Heinrich Heine 1797-1856）の「歌の翼に」という詩に出会って残した作品がある。

恋人よ
歌の翼に載せて
私は君を運ぶ

楽器を習っていると、しばしば「もっと歌って」と先生に言われる。私も子供の頃、当時のピアノの先生からそのように言われた。しかし歌ってと言われても、今自分が弾いているのはピアノだ。ピアノは声を出さない。まさか、ここで何かを歌えと言っているわけではないだろう。それとも、ピアノを弾きながら何か歌わなければならないのか、と逡巡したのを覚えている。

モーツァルトの父レオポルトも「歌うことの重要性を認識していない器楽奏者はいないだろう」と前出の書に書いている（第五章第十四節）。ただし、巨匠レオポルト・モーツァルトも含めて、ほとんどの音楽教師は、歌うことの重要性を唱えはするものの、ではどのように楽器で歌うのかを具体的に教えてくれてはいない。

## どうやったら歌うように弾けるのか

「歌う」とは、旋律を声に出して発音することである。この時点で少年の私が心の中で毒づいたように、声の出ない楽器では歌えるはずはない。が、早々に種明かしをすれば、楽器奏者に歌えというのは、

「歌うように弾け、喋るようにリズムを刻め」ということなのだ。が、

「だから、どうやって!?」という声が読者から聞こえてきそうだ。

それではまず旋律の説明から始めよう。

歌うことが旋律を声に出して発音することならば、旋律とは何だろうか。

再び若干専門的になるが、旋律とは旋法や音階上にある音の、順次進行と跳躍進行の組み合わせである。

順次進行とは、音階（や旋法）にある音を順番に拾っていくことだ。例えばドレミファソ。

そして跳躍進行はいわばその反対。隣同士にある音を避けて音を拾っていく。例えばドソミラファ。西洋音楽では、跳躍進行だけで音が進む場合、旋律とは呼ばない。また、順次進行だけで音が進むものも、それでは単に音階を弾いているだけと見做《みな》されて、旋律とは呼ばない。

順次進行に関しては、名曲中にもしばしば出てくるので、それを旋律として認識している方もいらっしゃるかもしれない。が、丹念に譜面を見てゆくと、順次進行で進む旋律は、必ずどこかで順次進行の鎖がとぎれている。

例えば、長い順次進行の前後に一回だけ跳躍進行を挟むことで、魔法のように魅力的な旋律に仕立てあげているシューマンのピアノ五重奏曲（Op.44）。そして、狭い音域を行ったり来たりするだけなのに、同じ音を二度弾かせることで、音階を旋律に変えてしまうベートーヴェンの第九交響曲第四楽章の「歓喜の歌」などだが、後者を少し詳述しよう。

歓喜の歌をハ長調で書くと（原曲はニ長調）ミミファソソファミレドドレミミレレとなる。一般に器楽の旋律では同じ音の繰り返しを避ける。この旋律の場合、歌詞がついているので、ベートーヴェンもその通例に従わず、同じ音の繰り返しを許したのだろう。ちなみに、この旋律で同じ音の繰り返しを避けた場合の音の並びは傍線を振った音になる。すなわちミファソファミレドレミレ。歌ってみればよくわかると思うけれど、隣の音を行き来するだけで全く旋律にならない。わずかな音を繰り返すだけで、ただの音階を一度聴けば誰でも口ずさめる旋律に変えてしまう。ベートーヴェンのマジックである。

ではこうした旋律を「歌ったり」「喋ったり」するにはどのように弾けばよいのか。まずは、反面教師から先に挙げよう。私が出会った聴きぐるしい例である。

旋律の最初の音を長く弾く。

いつも旋律を小さい音で始め、中間部の音量をふくらませ、その後小さくして終える。

やたらとヴィブラートをかける。

音をずり下げたりずり上げたりする。

盛り上げようとしている部分で曲のテンポを落とし、元のテンポに戻ら（れ）ない。

譜面に指示がないのに、曲の最後をいつも、だんだん遅くして終わる。

ここまで、列挙するのに五分とかからなかったから、丹念に記憶の溝をたどればもっと例を示せるかもしれない。が、ともかく、もしあなたが西洋音楽の演奏家で、右に挙げたどれかに心当たりがあるなら、その悪癖は直ちに直していただきたい。なぜなら、これらは「歌う」ことや「喋る」ことと何の関係もないからだ。

## 楽器で「歌う」ための鍵――小さな単位

歌には必ず歌詞がつく。歌詞とはもちろん言葉である。そして言葉を発するとき、母音、子音、抑揚、強弱（アクセント）の四つの要素を巧みに処理して私たちは喋っている。これはどの言語にも共通した人類の特徴だ。したがって言葉（歌詞）を旋律に乗せた場合、この四つの要素に、旋律の持つピッチの上がり下がりと、旋律の持つリズムの二つの要素が加わり、処理しなければならない要素は六つになる。歌うと簡単にいうけれど、私たちは随分複雑な情報を同時に処理していることになる。

次頁に挙げたのは、おそらく誰でも知っている「誕生日の歌」だ。この歌を人間の声をもって歌うのは簡単だ。が、では、それを楽器のみで表現するとどうなるのだろうか。Happy Birthday と歌うときに我々が無意識に処理している前述した六つの要素を、楽器のみで表現するのである。これこそが楽器で歌うことの要諦である。

まず、この枠で囲まれたところのみをどのように私たちは歌っているのか、検証してみる。この枠内には音符が四つある。それぞれＮ１からＮ４とする。

Ｎ１は歌詞の Happy から子音のh、母音の a 子音の p の三つの要素。

Happy Birthday to You

Ｎ２は子音のｐと母音のｉ（歌詞ではy）の二つ。

Ｎ３は子音のｂ母音のər（歌詞ではir）子音のthの三つ。

Ｎ４は子音のｄと二重母音のei（歌詞ではay）の三つ。

しかもＮ１からＮ２に移る際Happyと二つのｐを発音するため唇を完全に閉じるので、そこで一瞬音が遮断される。

この部分。音符はドとレの二音しかない。ピアノで弾けば指二本だ。単純な歌だけれど、そこにこれだけの、子音と母音による操作が内包されている。問題は、例えば、唇が閉じられて音が切断されるＮ１からＮ２への移行や、子音が続くＮ３からＮ４をどのように楽器だけで表現するかである。たった二音だが、弾き方を工夫すれば、あたかも楽器がHappy Birthdayと喋っているように聴こえる、いくつものヴァリエーションが生まれるはずだ。


この例では、たった二音だが楽器を使えばそれでも旋律を奏でられる。しかし、心に大きな「歌」があれば、机を叩くだけで相手にその「歌」を伝えることも可能になるのだ。

かつてヨーロッパをある著名演奏家とともに長距離列車で移動中、そのウクライナ出身のヴァイオリニストが、退屈しのぎにクイズをしようと言ってきた。車内の小さなテーブルをコツコツと叩き始める。

「何の曲かわかる?」

普段から周囲を煙に巻いて満悦しているような女性だったので、ああまたか、と思った。なにしろコツコツコツコツと、言ってみれば叩いているのは一拍子なのだ。その上、声はもちろんそれ以外何の音も出していない。こちらが答えずにいると、その音はだんだん大きくなってくる。コツコツコツコツコツ。

「まだわからないの?」

そのうちに、なんと彼女の目から、感極まって涙がこぼれてきた。それでも、やめない。コツコツコツコツ……。

「わかった。チャイコフスキーかな……」

彼女がコツコツと机を叩いて「歌って」いたのは、チャイコフスキーの交響曲第四番二楽章のテーマだった。心に歌があれば、机を叩くだけでも「歌える」とあらためて得心した瞬間である。しかし、正解できてよかった。もしわからなかったらと思うと、今でもゾッとする。

このクイズがいかに西洋音楽の本質を表しているか、是非色々な曲で試されるといい。「歌えて」ないと、このコツコツは絶対にできない。

## 「喋り」から「歌」へ――もう少し大きな単位

小さな単位が集まってフレーズというもう少し大きな単位を作る。この歌を例にとれば、Happy birthday to you. までである。そこで、批判２の「喋る音楽」に戻り、もう一度その要点を記してみる。

・いくつかの音のつながりをどのようなフレーズ（グループ）に分けて弾くか、その意味するところは、音楽をどのように喋るか、ということである。同じ歌をHappy / birthday to you と喋る（歌う）か、Happy birthday / to you と喋る（歌う）か。
・フレーズの分け方で、出てくる音楽の喋り方（歌い方）はまるで違ってくる。
・そして例えば、「躍動（ヤクドウ）」という単語を十六分音符四つで表したとする（敢えて、発音を理解しやすいように日本語を使うが、例えばe-ner-ge-ticという単語を例にとってもよいだろう）。しかし、この四つの仮名が果たして等価で発音されることなどあるだろうか。一般に平板といわれている日本語の発音ですらないと思う。e-ner-ge-tic を例にとった場合、アクセントがどこについて、その結果その音に対応する音符の長さまで微妙に違ってくるだろうことは、英語に親しんでおられる方ならすぐに想像できるだろう。そしてそこに、話し手の訛りや個性や、話しているときの感情が微妙に反映されてくる。

・同じ十六分音符四つを、いつも等価で弾いていては、演奏者の個性は生まれない。

・言い換えれば、四つの音を均等に弾いていては、いつまでたっても演奏者の個性は聴衆に届かないのだ。どのように同じ四つの音を弾くことで、「ヤクドウ」とあるいはe-ner-ge-tic と相手に伝えるのか。その微妙な差異を作り出す点にこそ、演奏者は知恵を絞らないといけない。

さあここまでやれば、相当に歌える。しかし少し欲を出して、さらにもっと大きな単位をどのように歌うのかを次の項目に記そう。要はテンポのコントロールである。

## テンポを揺らす

優れた演奏家や作曲家で、常時メトロノームを自室に置いている人を何人も知っている。「優れた」を別にすれば私自身もその一人だ。彼らは何も、一定のテンポに自らの演奏を同期させることに汲々として、メトロノームを作動させているわけではない。何百小節にもわたる楽曲がいったいどのテンポを基軸に推移してゆくのか、まずその計画を立て、それを頭と体に覚え込ませるためのいわばゲージ（計測器）として、メトロノームを使っているのだ。

そもそもテンポを揺らすとは、まず、微動だにしない、揺れないテンポとは何かを認識し、前述の「小さな単位」から「中くらいの単位」までのフレーズの歌い方をすべてその揺れないテンポの軌道に乗せる。その上で、曲全体にかけた（自ら設定した）テンポの波を自在に揺らすことなのだ。そしてその揺れに観客をひきずり込むのである。

そのためには以下の三つのテンポ感が必須になる。

第一に、メトロノームのように全く揺れないテンポ感。

第二に、メトロノームのテンポをまるでなかったかのように無視して、自らの欲求通りに作り出した自由なテンポ感。

第三に、第二で弾いている（歌っている）テンポがいったいメトロノームのテンポよりどれだけ先に進んでいるか、あるいは遅れているかを、まるで上空から俯瞰するように把握しているテンポ感。

私の経験でいうと、このような自由自在なテンポ感覚は、反語的なようだが、練習に際して、常にメトロノームで一定のテンポを聴き続けていることで、獲得できるように思う。具体的にはメトロノームをONにして弾く。今度はOFFにして弾く、その繰り返しである。敢えて言っておくが、メトロノームがONのときは、きちんとメトロノームに合わせないと意味がない。ズルしては駄目である。

右記の三つを手に入れたら、どんな作品でもどんな楽器でも、小節線を飛び越えて遠くまで飛んでいける。空中を浮遊し、そののち帰るべき場所にはきちんと戻ってくるように弾けるのだ。そして、その歌の翼に載せて、聴衆をどこへでも運んでゆくことが可能になるだろう。

批判10

# 音楽を運ぶ

批判9を私は、「可能になる」という言葉で結んだ。実は、これでもまだ音楽という得体のしれない乗り物は動き出してはくれない。この大きくて重い機体を空間に飛翔させるにはスウィングという動力がいる。

## スウィングとは

「ここはもっとschwungがほしいね」

思わず「えっ」と聴き耳を立てた。十何年か前ウィーンで、リハーサル中に誰かがそう言ったのだ。普段ジャズなどは聴きそうもないオーケストラ奏者からの言葉だったので、ドイツ語のschwungがswing（スウィング）なのだと気がつくまでほんの少し時間がかかった。しかしそれは、私がずっと予測してきたことを再確認した瞬間でもあった。やはり彼らもスウィングするのだ。

批判4で書いたことをもう一度述懐する。

upbeat（裏拍）が強拍になるのはジャズやロックだけの特徴ではない。なぜなら、もし、クラシック音楽が、downbeat（表拍）が強拍で、それが四百年以上人々に支持されてきたのだとしたら、二十世紀に入って、突然ジャズやロックのupbeatに人々が熱狂し始めたことになる。なぜ急に、全く逆のビート感の音楽に人々の嗜好が移ったのか。その理由が見当たらない。

しかしもともと西洋クラシック音楽はupbeat（裏拍）が強拍で、それが様々な社会的要因や、音楽作品自体の複雑化から、顕在化されずに作品の内部に組み込まれてきた。それを、ジャズやロックが直接的に、西洋クラシック音楽の本音を掴み取って引っぱり出したので、一般にもわかりやすく、結果大きな支持を得るに至った。そのように考えると、今日のジャズやロックの活躍ぶりにも納得がいくのではないだろうか。

downbeatをいくら強く叩いても、（すべての邦楽がそうであるように）音楽は停滞してその力をため込みはするが回転しない。もし前に進むとしてもその進み方は直線的だ。

ちょっと余談になるが、音楽の直線的な前進は、日本人演奏家のaccelerando（アッチェレランド・徐々に速く）に非常によく見られるパターンである。accelerandoは、upbeatを強拍としなければ、絶対にかからない。あなたが何か楽器を演奏していてaccelerandoに苦労していたら、是非ためしてみるといい。upbeat（裏拍）を意識して弾くだけで、魔法にかかったようにうまくいくはずである。upbeatを強く叩いていると、音楽は回転し、回転しながら前進する。ボールが毎回放物線を描きながらbouncing（バウンド）を続けて進んで行くように……余談の余談になるが、bounceに相当する適切な訳語がないことに、今気がついた。そもそも日本人には、このbouncingするという感性が不足しているのかもしれない。

さて、それでは、スウィングとはいったい何なのか。

## ジャズの土台になった「不揃いな音」

「What is swing?」（スウィングって何?）

いったい何度、この質問をアメリカのジャズプレイヤーたちは受けてきたことだろうか。しかし、その都度、「そんな質問をするようじゃスウィングなんかわかりっこない」だの「感じることはできるけど説明は無理!」だのと言ってはぐらかされてきた。私の知る限り、きちんとこの問いに答えた（あるいはある程度頷ける回答をした）ジャズプレイヤーはいない。

ジャズ音楽は、南北戦争（一八六一〜一八六五年）後、米国南部のアフリカ系の人々によって始められたことはすでに述べた。その約百年前、米国独立戦争（一七七五〜一七八三年）

では、フランスの支援によって、米国は英国に勝利し、独立。その後も米国南部においては、独立前同様に、フランスの文化的影響は残った。

十七世紀から十八世紀にかけてフランスが主権を握っていたルイジアナ領地は、現在のルイジアナ州からカナダ国境までの広大な地域にわたっていた。一八〇〇年にはルイジアナ州ニューオリンズに米国最大の奴隷市場があったという。一八〇三年、米国はルイジアナ領地をルイジアナというフランス王ルイ十四世にちなんだ名称を残したまま、フランスから買収。しかし南部では奴隷貿易も奴隷制度も続いた。

南北戦争前、米国南部の四家族にひとつは奴隷を所有していたといわれており、米国のアフリカ系の九五％は南部に住んでいた。ということは、南北戦争当時、アフリカ系の九五％はフランス文化の影響下にあったともいえるだろう。彼らの置かれていた非人間的な状況を、決して過少に見積もっているわけでも、もちろん許容するわけでもない。が、それでも、音楽は誰の耳にも降りかかる。生きていく状況が過酷であればあるほど、それはより甘美に聴こえたのではないだろうか。

一方、十七世紀から十八世紀にかけて、フランスの宮廷で演奏されるバロック音楽では、inégales〈イネガル〉奏法というものが主流になっていた。バロック音楽を専門に演奏している人ならきっとご存じだろう。inégalesとはフランス語で不揃いなという意味だ。同じ長さの音符が二つ並んで書かれているとき、それらを等価で弾かない。例えば、タタ、タタの代わりに、タッタ、タッタと敢えて不揃いに崩す。

アフリカから奴隷として売られた米国南部の館で、夜な夜な演奏されるフランス風のバロック音楽が、inégales〈イネガル〉だったのである。西洋クラシック音楽のビートがupbeatである事はさんざん述べた。そのupbeatが様々にinégales〈イネガル〉に、つまり不揃いに崩されて奏されていたのだ。それを奴隷たちが耳にし、その子、孫も聴いて、南北戦争になり、やっと解放され、戦場に残ったラッパを拾う。タッタ　タッタ　タッタ　タッタ　彼が吹くラッパはinégales（不揃い）にスウィングして歌っていたのではないか。このフランスバロックのinégales〈イネガル〉奏法が、スウィングジャズの土台になった可能性が高い。

## 都合の悪い真実

ジャズのスウィングのルーツが、大西洋を挟んだ海の向こうの、着飾った貴族たちの間で奏されていたバロック音楽だったかと思うと、感慨は深い。と同時に、もし仮に、（これはあり得ない想像だが）フランス宮廷のバロック音楽が inégales ではなく、加えて upbeat でもなく、本書の冒頭で述べた日本人が持ち帰ったような、きっちりくっきり四角四面の音楽であったなら、それは大西洋を渡って米国まで届いただろうか。upbeat もなく、スウィングもしない音楽では、ヨーロッパ言語の特徴を表現しきれない。ヨーロッパ言語の特徴を欠いた音楽が、ヨーロッパ言語を話している新大陸移住者の間に伝播するはずはないのだ。

　そして、その逆を考えると、皮肉な現実に顔が歪みそうになる。つまり、昭和初期の、我々の「先駆者」が、西洋クラシック音楽を四角四面の、つまり、スウィングの真逆にある音楽として輸入しても、ヨーロッパ言語を話さない日本には伝播したのだ。しかもそれらは形骸化し、本質を見誤ったまま定着して現代に至っている。

　ところで、ジャズの名プレイヤーたちはなぜ答えをはぐらかしたのだろう。彼らはきっと、inégales のことは知っていたと思う。仮に、知らなかったとしても、スウィングはどこか自分たちとは異なる世界からやってきたのではないかと、感じていたのではないか。なぜなら彼らの先祖が、奴隷として致死率五十％の船旅を生き抜き、米国にやってきて、そのとき話していた言葉は、英語でもフランス語でもなかったからだ。そして、第二世代からはヨーロッパ言語を強制され、その強制された英仏語とともに耳に入ってきた音楽が、不揃いに（inégales に）演奏されたバロック音楽だったのだ。聴き覚えで彼らはそれを模倣し、スウィングジャズへと発展させたのである。

　現代に地歩を固めたジャズプレイヤーが、スウィングのルーツはヨーロッパの貴族たちの音楽にあったなどと言われたら、驚嘆するだろう。しかしここは答えをはぐらかした方が利口だ。彼らが醸し出す、せっかくのピカレスクぶりが台なしになる。ちなみに、英語版のウィキペディアの、inégales の項目には、一行だけ It reappeared as the standard performance practice in the 20th century in jazz.（二十世紀になって、ジャズの標準的な奏法として再登場する）とさらっと書いてある。

　一方、出自となったヨーロッパのクラシック音楽界としては、自分たちが発案した「高貴な」音楽の形式が新大陸の、しかも奴隷が始めた音楽に転用されているなどということは、何があっても、認めたくない。inégales〈イネガル〉とスウィングが同種であることは、双方にとって都合の悪い真実であったのだ。

　これがもし、ジャズが新大陸の銀行家の間で、札束を数える時に歌う鼻歌から生まれた音楽で、そのリズムの本質であるスウィングは、実は inégales が由来だ。などということになっていたら、「その通り、だからスウィングしないクラシック音楽なんてないのだよ」と、クラシック音楽界もウィキペディアに何十行も使って声高に主張していただろう。

最後に肝心要な秘訣を記そう。どうやったらクラシック音楽の演奏家をスウィングさせることができるのか。

方法はただひとつ。幼少の砌《みぎり》から纏い続けている重たい先入観のバリアをとにかく頑張って脱ぎ捨てて、どんな小さな単位でも裏拍（upbeat）にはすべてアクセントを置く。二拍子なら二拍目、三拍子は三拍目、四拍子なら二拍目と四拍目を強く弾いてみることだ。小節の頭を強く、などという「約束」は破棄していただきたい。それで、嘘のように音楽は前に進むはずである。

批判

# 11

# 現代日本の音楽状況

日本人の音楽家の経歴を見ると、大概、「四歳からヴァイオリンを始める」とか「五歳からピアノを始める」とかの記述に遭遇する。しかしこれは、四歳からヴァイオリンを始めさせられる。が正しいのではないかと思う。四、五歳の幼児が自分の意思でヴァイオリンやピアノを始めたとは思えないからだ。勿論、中には、明確な意思を持って、「ヴァイオリンを弾きたい」と主張した子供もいただろうが、決してマジョリティではないだろう。幼少期から楽器の習得を始めると、本人の意思にかかわらず獲得してしまう、名前だけはよく知られた能力がある。絶対音感である。

## 絶対音感と色感

絶対音感とは、ピアノの鍵盤上にある音の数と同じ、異なるピッチの八十八の音に名前をつけ、記憶しておく能力だ。それは、遺伝によって獲得されるか、概ね六歳くらいまでに楽器を与えられて、自然に獲得されるか、そのどちらかだといわれている。また、六歳までに楽器演奏を習い始めた子供全員が獲得するわけでも、また、その頃、絶対音感獲得に特化した音楽教育を受ければ獲得できるわけでもない。要するに本人の努力でそのような能力が備わることはないのだ。

似たような能力で、こちらは人類にほぼ普遍のものがある。絶対色感である。色覚異常の方でない限り、赤い色を赤と呼べ、青い色を見れば青と呼べる。ただし、これはあまりにもほとんどの人に共通する能力なので、絶対色感などという言葉は、辞書にはない。そして絶対色感があるからといって、私たちみんなが画家になれるわけでもないのは、ご存じの通り。赤い色を赤と呼べ、青い色を見れば青と呼べる能力、つまり絶対色感が美学的な芸術に寄与するものは何もないのだ。

同じ理屈を絶対音感に移して考える。絶対音感はドの音がどこかで鳴れば、それはドであると答えられ、ファのシャープが鳴ればファのシャープであると答えられる。二つ一緒に鳴ってもそれらはドとファのシャープであると答えられる。このあたりも絶対色感と同じ。赤と青を同時に見せられてもそれらは赤と青だと答えられるのと同じだ。

それでは百個の異なる音が同時に鳴ったらどうだろうか。おそらく答えられない。これも百色の色の違うカードを同時に見せられて、それらが何であるか瞬時に答えられないのと同じである。それでは、絶対音感があれば、作曲家や演奏家になれるのだろうか。この問いの答えには、少しまわり道して回答していこう。

## 色は光波の振動数についた名前

色も音もその波の振動数によって名前がついている。前者は光波、後者は音波である。光波は、その振動数が上がるにしたがって赤から黄色、緑、青と名前が変わってゆく。が、それは我々が日常で必要な大まかな命名で、赤にも黄色にも、青にも様々な種類があることは、普段体験済みだろう。赤信号の赤と郵便ポストの赤は正確には異なる波長の赤に違いないだろうが、我々は単に「赤」というくくりで認識し、困ることはない。

こうした色の詳細は、大日本印刷から、日本の伝統色、フランスの伝統色、中国の伝統色などとしてそれぞれ三百種類以上の名前が紹介されている。フランスの色はフランス語、中国の色は中国語、日本の色には日本語の名前がついており、丹色《にいろ》とか、木賊色《とくさいろ》とか、名前からはどんな色なのか想像もつかないものから、老竹《おいたけ》色とか若竹色とか具体性が強いものまである。色見本を見ている分には楽しい。

だがもし、三百もの具体的な名前とそれに対応する色を、まるで絶対音感のようにすべて記憶してしまう人がいたら、その人物の表現行為が、名前のついてしまった色に限定されることはないだろうか。色彩は無限にある。彼（女）は例えば六七番目と六八番目の間にある色を使うことができるだろうか？

色と同様、音もまた無限にある。音楽家にとって、音とその名前の記憶はどのような関係にあるのだろう。一オクターヴには十二しか音がないのだ。

## 音名も音波の振動数についた名前

音波に関して、赤黄青のような大まかな名前づけがないかわりに、ヨーロッパにおいては、振動数から割り出した、ドレミファソラシという音名がつけられた。しかし、例えばラの音の振動数が何Hz《ヘルツ》なのかの統一的な規定ができるまでは、何百年もかかった。

多くのヨーロッパの国が参加した、最初の国際標準音が作られたのは一八八五年のウィーン会議である。そのピッチはA＝４３５Hzであった。

その後一九三九年のロンドン会議で現在と同じA＝４４０Hzに定まっている。[*9]

国際標準音が作られるまで、ヨーロッパの街で、ピッチを決めるのはその街の教会のパイプオルガンであった。なぜなら、オルガンは、一度作ってしまうと、簡単にはパイプの調整ができないからだ。それでも十数年おきくらいの調整が必要で、十八世紀から十九世紀にかけて、調整するたびにピッチが上がっていったという記録がある。パイプを切ることはできても伸ばすことはできなかったからだ。

住む街によってピッチが違う。大きな街では教会によってもピッチが違うこともあったという。ということは、バッハ、モーツァルト、ベートーヴェン、シューベルト、ブラームス、ヴァーグナー、ビゼー、サン・サーンス、ヴェルディなどなどおよそ十九世紀までに生育し、音楽教育を受け、作曲活動をしていた作曲家は、皆、異なるピッチで音楽を考えていたということになる。

であるならば、A＝４４０Hzに固定された絶対音感など、全く何の役にも立たない。ウィーンで、ブラームスがB（♭）音と思って出した声が、ピッチが高かったパリにいたビゼーにはA音に聴こえてしまっただろう。しかし、それを気にするようでは、演奏家や作曲家の交流が成り立たない。

## 西洋音楽と相対音感

幼少の頃から、ヨーロッパ各地で演奏旅行をした（させられた）モーツァルトをはじめ、彼らの多くは様々な国、地域を訪ね、演奏し、また、演奏に接していた。したがって、彼らは、彼らに絶対音感があるなしにかかわらず、自分たちが普段使っているピッチは自分たちの音楽圏の中でのみ流通することは知っていた。そして、いったんその圏外に出れば、異なるピッチに調を移して考える能力が必要であり、またその能力を身に着けていた。

ちなみにこの能力を相対音感という。つまり、どんな調で音楽が鳴っても、即、ハ長調のドレミに置き換えて認識できる（例えば歌える）能力だ。相対音感は誰でも訓練を重ねれば身に着く。この相対音感がなければ、モーツァルトは演奏旅行などできなかったことは明白である。

もしあなたが十八世紀に生まれて、例えばソミミ　ファレレとシソ《♯》ソ《♯》　ラファ《♯》ファ《♯》が同じ童謡「蝶々、蝶々」のメロディーだと認識できなかったら、もしかしたら、あなたは演奏家にはなれなかったかもしれない。西洋音楽は相対音感でできているからだ。

## 音名の消去

絶対音感を持っていて旋律を歌うことに苦労していたら（全くそんな苦労をしていない演奏

者も知っているので、そういう方はこの節は読み飛ばしてほしいのだが）、音を聴いたときに同時に耳に入ってくる音名を消す練習をしてみるといい。

あるピアニストがあまりに「歌えない」ので、「弾くときに音名を頭から消してみて」と頼んだことがある。何回目かの挑戦の後、音名が消えた瞬間を彼女は掴んだのだが、そのときから、まるで音楽が何かから解き放たれたかのように動き出した。消した音名はしかし、しばらくするとまた元に戻った。そしてそれを繰り返すうちに、彼女には、まるでスイッチのON／OFFのように絶対音の切り替えが可能になったのだ。

モーツァルトをはじめ西洋音楽の作曲家たちも、幼少時から音楽教育を受け始めた者が多い。したがって彼らの中にも絶対音感を持つ者はいただろう。ただそれは、訊かれれば何の音かわかるというもので、日本人の持つ絶対音感のように、ドレミという音につけられた「言葉による符号」と実際の音とが貼りつくように結びつくものではなかっただろう。

例えばオーストリアの学校で、子供たちが階名で歌を歌うことはまずない。やってみればわかるが、ドイツ語の階名では「歌」にならないのだ。歓喜の歌をベートーヴェンが書いていた時、彼が音名で「fis fis g a a g fis e」と歌っていたとはとても想像できないのだ。私は四十年以上ヨーロッパ人とリハーサルをしてきたが、その現場で、音名が飛び交った経験は一度もない。音楽上の何かを話し合うとき、リズムを叩いたり、旋律を口ずさんだり、あるいは直接自分の楽器で弾いたりするのが日常だった。

日本語を母語とする人の持つ絶対音感は、「ドレミ」という意味のないカタカナによる「符号」と強く結びついている。それは多分カタカナという言葉を覚え始めた直後に音の記憶がそのカタカナに紐づいて脳に入ってきたからだろう。悪い言い方をすれば、それは一種の洗脳に近い。

この音名というカタカナは、「音」という、手で触ることのできない概念と結びついて、音楽演奏というこれもまた抽象的なある種の興感を構築する上で、妨げになるように思う。「蝶々　蝶々」と蝶々が春の野を舞うように歌いたいと思っているとき、「ソミミ　ファレレ」とも「シソ《♯》ソ《♯》　ラファ《♯》ファ《♯》」とも聞きたくない。そのような意味のないカタカナという符号が頭の中で点滅してほしくないのだ。

絶対音感があって音名の鎖につながれていると、このカタカナの符号のせいで、楽器を使って「喋る」ことができない。何かを訴えようとするといつもそこには無意味なカタカナがくっついていて邪魔になる。「喋る」といっても主語があって述語があって、というようなものではない。何か、テレパシーのようなもので、音楽とだけつながっている「文章」である。ピアニストのメヘナム・プレスラーが「喋れ！」と言っていたのもまさにそれだ。

どうすればよいのか。

演奏しながら瞑想しているような状態に脳を誘導するのだ。するとある瞬間に「すっと」音もなく音名が去ってゆく。その刹那から、「音楽」というある種の概念が飛び立つのを実感できるはずだ。飛んでいるのはあなた自身。歌うとはそういうことだ。

音名というこのカタカナの符号は、本来、音楽演奏には何の必要もないものだ。が、複雑で長い作品を暗譜する場合や、とにかく技術的に厄介な場所を弾くときには、戻ってきてもらえばよい。絶対音感によるカタカナの音名入力をＯＮにすることで、いったん「表現」という出力を切るのだ。そうすればミスをしない[*10]。

絶対音感があってよかったと思える数少ない瞬間だろう。では、絶対音感のない奏者はどうしたらよいのか？　それは練習するほかないのだが、ＯＮ／ＯＦＦの切り替えに頭を使わなくて済むのだから、よしとすべきである[*11]。

＊９　日本とヨーロッパのオーケストラはだいたいＡ＝４４２Hz。ベルリンフィルやウィーンフィルは４４４Hzから４４５Hzといわれている。ピッチが高くなれば、弦の消耗度も増すが、高いピッチをとるか

らといってより音楽的に演奏できるわけではない。一方米国のオーケストラは４４０Hzを守っている。また、ポップスやジャズ、ロックにおいては、地域に関係なく４４０Hzが標準である。

＊10　かつて絶対に噛まないといわれた名司会者がいた。あるとき若いアナウンサーに聞かれて、噛まない秘訣を答えた。「書いてある内容を考えなければいいんだよ。ただの符号だと思って読む。そうすれば絶対に噛まない」。ただの符号だと思って弾く。そうすればミスしない。そのとき音楽はきっと、どこかに身を潜めているのだろう。

＊11　絶対音感があるからといって作曲家や演奏家になれる保証は全くない。それは例えば、三歳から水泳を習って、泳ぎが得意だから、作曲家や演奏家になれる保証がないのと同じである。確かに、泳ぎが得意ならジムでリラックスできるだろう。それが、作曲や演奏活動に寄与する場合もあるだろうが。

## myth（神話・作り話・根拠のない社会的通念）

ハ長調には白いイメージがあるとか、変イ長調に青黒いイメージがあるとか強く主張する人がいる。それは、ピアノの白鍵の視覚的要素に影響されて、白いイメージを持ち、フラットが四つある変イ長調だと黒鍵に影響されて青黒くなるのではないか、などというと激しい反発をうける。が、やはり、十八～十九世紀そして二十世紀に入るまで、半音以上ピッチが変わってきている事実を勘案すると、その反発も勢いを失う。我々が「白い」ハ長調と思って演奏している曲が、その作品が生まれた十八世紀のピッチで演奏すると、「色彩豊かな」ロ長調に聴こえることになる。

ここで、当時の作曲家になったつもりで、考えてみる。ザルツブルクで、「白い」ハ長調で書いた作品が、ハンブルクの劇場にあるピアノで演奏したら彼の耳には変ニ長調に聴こえ、あわてて、「白く」するために譜面にシャープを五つも書き込んで、ロ長調に書き直した。そうしたら、（シャープが五つもあるので）見た目がなんとも華やかになってしまい……などというドタバタが発生したという記録は、寡聞にして聞かない。

要するに、西洋音楽では、ところ変わればピッチも変わるのだ。前述したが、そんなことにとらわれていたら、音楽はできない。ピッチとはそもそもがrelative（相対的）なもので、absolute（絶対的）なものではないのだ。だから、ヨーロッパには移動ドという言葉がない。

移動ドというのは様々な調の旋律をハ長調のドレミに置き換えて聴くことだ。それは、空は緑色ではなく青いというくらい、当然で、皆が普通に感じていることなので、敢えて指摘しない。しかし、生まれつき盲目の人には「空は緑でも赤でもなく、青です。それは海の色と同じです」と説明する必要があるだろう。と、すると、ネット上にも楽典の本にも、長々と移動ドの日本語の説明がある我々は、やはり、西洋音楽的には聴こえてないに等しいということか。

## 欧米から見た日本の音大の位置

前節で我々ほぼ全員が絶対色感を持っていることに触れた。だから、美術大学の入試で赤いカードを見せ、「何色に見えますか？」などという「色感試験」が行われることはない。だが、もし、絶対色感を持っている者は人類のほんの一部で、多くの受験生が、黒白の世界を見ており、赤や緑を判断するときはいつも、黒白の明度の濃淡から相対的に推測して、赤とか緑とかを判断していたとする。そのような受験生が含まれている試験で、ただ単に赤いカードを見せて「何色に見えますか」と訊くのは、公平さに欠けていると思うのだ。

私が何を言いたいかはすでにご理解いただけているだろう。音楽大学での聴音テストの不公平さである。それは絶対音感の持ち主にとっては、あたかも赤いカードを見せられて「赤」と答えるほど瞬時に判断できるが、相対音感で判断するには、黒白の映像からその明度を頼りに色彩を判断するかのような、解答するまでにピッチの推測をするプロセスが必要になってくる。それは、絶対音感という本人の努力では獲得できない形質の持ち主と比べて、一手順多い。もし仮に、我々全員が普遍的に絶対音感を持っているとしたら、音大の入試で、聴音の試験など実施されるだろうか。

私はなにもソルフェージュ（初見で楽譜を弾き、歌い、また初めて聴くメロディーを書き取る）が不必要であると言っているのではない。絶対音感保持者とそうでない者と、分けて教育する必要があると思うのだ。すなわち前者には相対音感の訓練を。後者には途中で異なる調に音楽が移っても即時に対応できる、相対音感のより縦横で迅速な運用方法の訓練だ。が、しかし、現状、そのような教育を実施している音大はほとんどない。

ある調査によると、日本の音楽大学ピアノ科の学生のほとんどが絶対音感の持ち主だという。それはよい。では同じピアノ科で相対音感の持ち主はというと、約一割しかいなかったという。

この、絶対音感と相対音感の比率はアジアを含む日本以外の国では、逆転しているという。西洋音楽が相対音感で組み立てられていることを考えると、その意味するところは深い。

二〇二三年、世界大学ランキング（The Times Higher Education World University Ranking 2023）に挙がった、音楽大学、もしくは総合大学の音楽学部の一位から百位までの主要な大学を左に挙げた。

| | | |
|---|---|---|
| 第一位 | 王立音楽大学 | 英国 |
| 第二位 | パリコンセルヴァトワール | フランス |
| 第四位 | ウィーン国立音楽演劇大学 | オーストリア |
| 第五位 | ジュリアードスクール | 米国 |
| 第八位 | カーティス音楽院 | 米国 |
| 第九位 | ノルウェイアカデミー | ノルウェイ |
| 第一〇位 | チャイコフスキー記念国立モスクワ音楽院 | ロシア |
| 第一二位 | モーツァルテウム大学 | オーストリア |
| 第一三位 | 香港演芸学院 | 中国 |
| 第一四位 | 王立デンマーク音楽アカデミー | デンマーク |
| 第一六位 | 王立ストックホルム音楽大学 | スウェーデン |
| 第一七位 | サンクトペテルブルク大学 | ロシア |
| 第一九位 | リヨンコンサーヴァトリー | フランス |

第二一位　ＵＳＣＩ　マレーシア

第二三位　ケンブリッジ大学　英国

第二四位　ハーヴァード大学　米国

第二五位　シベリウスアカデミー　フィンランド

第二六位　フェリックス・メンデルスゾーン・バルトルディ音楽演劇大学
　ドイツ

第二九位　ハンス・アイスラー音楽大学ベルリン　ドイツ

第三一位　南カリフォルニア大学　米国

第三四位　マギル大学　カナダ

第三五位　チューリッヒ芸術大学　スイス

第三六位　ジュネーヴ高等音楽院　スイス

第四二位　韓国国立芸術総合大学　韓国

第四七位　ミュンヘン音楽演劇大学　ドイツ

第四八位　シンガポール国立大学　シンガポール

第四八位　トロント大学　カナダ

第四八位　ベルリン芸術大学　ドイツ

第五一位から百位

プラハ芸術アカデミー　チェコ
チュラロンコン大学　タイ
ショパン音楽大学　ポーランド
上海音楽学院　中国
ブリュッセル王立音楽院　ベルギー
サンタチェチーリア音楽院　イタリア
リトアニア音楽演劇アカデミー　リトアニア
王立アイリッシュアカデミー　アイルランド
シドニー大学　オーストラリア
メルボルン大学　オーストラリア
オークランド大学　ニュージーランド

「えっ」と思わず声を上げた方もいらっしゃるだろう。日本の音楽大学もしくは総合大学の音楽学部は一校も入っていない。英国の調査だから英語圏に偏りが見られるのは仕方ないが、それでも百位までに一校も入っていない。さかのぼって過去三年間を調べたが、結果は同じ、藝大も桐朋も東京音大も影も形もない。

　これが世界の現実なのである。おそらく順位に入らない最大の理由は国際交流の欠如だろう。日本の音楽大学に外国籍の教授、講師、そして学生が何割いるだろうか。そしてそのレッスンはいったい何語でやられているのだろう？　ここに挙げたアジアの大学でのレッスンは、すべて英仏独伊いずれかの言語で受講できる。西洋音楽にとって言語がいかに大切であるかは、本書で繰り返し述べてきた。日本語でいくら考えてもヨーロッパ音楽はわからないのだ。それは、前にもふれたが、ドイツにいるドイツ人がドイツ人からドイツ語で長唄を習おうとして、長唄の神髄がわかると、本気で思いますか？　ということだ。

　十数年前、あるヨーロッパの国際作曲コンクールの審査員を務めた折、中国の作曲家が一人審査員として招かれていた。審査後の食事会で、夏の間の過ごし方が話題になった。彼女はほとんど強制で二か月間北京に戻らなければならないという。

「仕事ですか？」

「はい。中国人音楽家で欧米で仕事をしている人はほぼすべて、夏は中国の大学で教えなければならないのです」

「大変ですね、ヨーロッパでの仕事を一時やめてでも行くのですか?」

「そうです。でも往復の旅費、中国での滞在費、そして教授料すべて国から出るので、全く損はしません」

頭をガーンと殴られた気がした。こうやって中国は欧米の最新情報を大量に入手しているのだ。勿論、そんなことが可能になるのは、一党独裁の政治体制ゆえなのだが。

批判12

# 創（キズ）を造る行為

中国語に創造という言葉がある。意味は日本語の創造とほぼ同じ、createである。芸術は、人が無から何かを創造することによって生まれる。作曲を始めたばかりの頃、何も書かれてない五線紙を前にして、ひとつ深呼吸したのを覚えている。ああ、本当にまだここには何もないのだ……それから、ゆっくりト音記号を書き込んだ。

## 創造という言葉に込められた意味

創造とは何だろう。創造の創は、キズ。つまり創造とは、創（キズ）を造るという行為だ。原初的には、おそらく、石にヒトがキズをつけて何かを作り出したことで、創造という言葉が生まれたのだろう。が、芸術との関連を考えると、少し深読みしたくなる。キズがつくのが石ではなく、人の心だとしたらどうなるか。

人がまず何かに出会う。遭遇する相手は人でも物でも状況でも、美しい景観でも何でもよい。とにかく何かに出会い、喜び、あるいは悲しみ、あるいは怒り、心が大きく揺さぶられる。それは悲嘆であり、喜悦であり、宗教的な恍惚であったりするだろう。いずれにせよ、人の心は激しく波打ち、感動する。そのことによって、人はある大きな負荷を負う。それが、芸術を作り出す原動力になるのだ。芸術作品とは、人の大きな負荷の記憶が、人を創造へと促し、人の手によって創り出された結果だ。

負荷を背負うという点においては、作品の委嘱を受ける場合も同様だ。急に現実的な話になるが、締め切りのストレスと委嘱者の期待に応えなければという重圧。とにかく、理由のいかんを問わず、その最初の大きな負荷が、人をしてゼロから、目に見え、手で触れることができ、耳に聞こえ、そしてなにより、誰かに伝えられる作品の創出へと向かわせているのだ。

そのようにして造られた芸術作品に触れて、今度は受け手の側の人々の心がざわつき、感動という名の負荷を受け、受け手の心は共感という創（キズ）を負う。美しい絵画を見たとき、美しい音楽を聴いたとき、いつのまにか涙が頬を伝う理由はそこにある。

「Take your broken heart, make it into art!」（傷ついた心を取り出してアートにかえるのよ！）

ある映画の登場人物の言葉だ。

## ＡＩに人間の心を動かす能力は生まれない

再び、拙著『音楽の黙示録』から引用する。

　このようにして芸術が創造されるものであるなら、何かに創ついたり感動したりする事とは無縁のＡＩの知能は、芸術活動の胎芽ともいえる「心に負荷を負うこと」に対し何の役にも立たない。そうであれば、ＡＩに人間を感動させる作品を創造することは、不可能ということになる。なぜなら、ＡＩ自らが創を負う、つまり心を動かすことがないからだ。

　たしかにＩＱが人間の百倍もあれば、何十声部にもわたる複雑な構成をもつフーガを数秒で作り上げることも可能だろう。だが、作品を作り上げる速さや量と、芸術的な価値は正比例しない。芸術的な価値を示すのならば、声部は、四つでも三つでも二つでも、あるいはひとつでも十分である。

　ＡＩという機械に芸術領域への進出を際限なく認めてゆくと、本来注意深く扱われなければならない速さや量に裏打ちされた「効率」に、人間が振りまわされることになる。

たしかにＡＩに頼れば、人間よりもはるかに早く強く効率的に仕事を完遂することができる。だが、速さや強さや無駄のなさといった能力は、芸術や文化の価値にとってほとんど意味をなさない。ロッシーニがオペラを三週間で完成させても、ブラームスが十年かけて交響曲を書いても、そのことは両作品の価値を左右するものではなく、また私たちは一度もそのような価値判断を彼らに下したことはなかったのだ。

　が、しかし、ふと現実を見まわすと、ＡＩはとっくに我々の生活の芸術領域にも入り込んできている。ＴＶから流れるほとんどの音楽は、楽譜制作アプリで書かれている。ト音記号やヘ音記号すらまともに書けない作曲家は多い。ＤＴＭ（デスクトップ・ミュージック）の技術を使えば、楽典の知識があやふやでも、和声や対位法を知らなくても、もちろん手書きで楽譜が書けなくても、まるで、エクセルで表を作るように、誰でもＰＣに作曲を委ねられる。そしてその出力、つまり音源も人を介さない digital なものだ。

　このままずっと、こうしたアプリによる「作曲」と「演奏」が続いていったら、すべての作品から「個の領域」がどんどん減退していくことになる。そして、そうやって作られたものを、それでも「作曲」と呼ぶのなら、そのような「作曲」は確実にＡＩに取って代わられることになるだろう。

生活の周りはコンピューターによって形となったもので溢れており、我々もすっかりそうしたものに慣れてしまっている。ここでいう「そうしたもの」とは、ＡＩによって達成された高い効率だ。そして、効率を求めるがゆえに私たちが失ったものは大きい。

初めてＣＤを聴いたときの「あれ？」と思った違和感をもう私は忘れかけている。ＬＰまでなら、音はアナログで止まっていた。ＣＤが開発されたとき、音楽という本来digitalに変換してはいけないものに、私たちは手を出してしまったのではないだろうか。今日、手書きで文章を書く人がどのくらいいるだろう？　そして、ＰＣで文章を入力していて、手で書いていれば絶対にあり得ないような漢字への変換ミスを見落とした経験は、誰にでもあるはずだ。それでも、今こうして、私はＰＣのキーボードを叩いている。

二〇一五年に東京オリンピック・パラリンピックのエンブレムを決める際、コンペを勝ち抜いたＸ氏のデザインが、あるベルギーの劇場のロゴマークと似ているという問題がもち上がり、結局Ｘ氏のデザインは見送られた。しかし、私に言わせれば、コンピューターで、グラフィック製作アプリを使ってデザインを描いていれば、似たものがいくつもできあがるのは必然だ。ＡＩにその製作の一端を委ねるのならば、もはや著作権がどこにあるのかは怪しい。デザイナーか、デザイン・アプリ開発者か？

## あらゆる影響から自由になるということ

米国の作曲家ジョン・ケージ（John Cage）に「４分３３秒」という一九五二年に作曲された作品がある。

客席の電気が消えると、ステージにはグランドピアノが一台。正装したピアニストが静かに登場し、ピアノの椅子に座る。その後四分三十三秒の間、何もしない。ピアニストは立ち上がって礼をし、退場するという作品だ。

彼がこの作品で聴衆に聴かせたかったのは、勿論ピアノの音ではない。今か今かと固唾《かたず》をのんで、静寂の中にいる聴衆の間からもれる吐息、微かな空調の音、遅れて入場した観客の歩く掠れた足音。要するに、通常の演奏会では決して聴くことのできない「予期せぬ音」を観客に認識させたかったのだ。

「予期せぬ音」これを偶然性の音楽などと呼ぶが、予期しないということは、誰のどんな計画にも属さない音楽ということだ。だとすると、徹頭徹尾人間が計画し人間が作り上げる「芸術作品」と真っ向から対立する概念ではないか。しかし、彼は、この、人間が計画し、人間が作り上げているということを「本当にそうだろうか」と疑ったのだ。

洋品店に行ってシャツを一枚買おうとする。好みの色、デザイン、釦の形。本人が選ぶのだが、そのチョイスは必ず、無意識に誰かの影響を受けている。それは身内であったり、教育であったり、その日の朝見たテレビのＣＭであったりするだろう。ケージはその影響を避けようとしたのだ。

シャツを買うくらいならどうでもよいかもしれないが、音を選ぶ上で、彼が受けてきた教育や育った環境や偶然耳にしてしまったラジオの音や、そういったものすべてから自由になろうとしたのだ。丁度、観客が、四分三十三秒間聴くであろう音すべてに、ケージの影響から自由になったように。彼らがいったい何を聴いたのかさえ、ケージにはわからないのだから。

で、どうしたか。彼は、すべての音をコインを投げて決めていったのだ。

なんと軽便で、鮮やかな方法ではあるまいか。色を選ぶとき、音を選ぶとき、すべてコインで決める。誰のサジェスチョンも、自分の好みすら受けつけない。これで、すべての影響から自由になる。

## ＣｈａｔＧＰＴへの落書き

ＣｈａｔＧＰＴは、世界中の情報を集めまくって統合し、そこから「最適」な解を出すという。

しかし、ジョン・ケージ以外の作曲家は作曲の際、結局同じことをしているのだ。自分の育った環境、話す言葉、受けた音楽教育、聴いてきた音楽、様々な経験、そういったものから無縁で作曲することは不可能だからである。情報は作曲家一人ひとりの脳の奥にあって、極めて個人的なものだが、その詳細は作曲家本人も把握しきれない。作曲家が書く作品には、その個人が生きてきた全人生とその個人が生まれるまでのすべてのヒトの歴史が組み込まれているのだ。コインをトスしない限り。

前節で書いた通り、ＡＩが自ら何らかの創（キズ）を負うことができない限り、ＣｈａｔＧＰＴが作り出す音楽も物語も詩も絵画も映画も何もかも人を感動させることは論理的にできない。だが、人は慣れる。もう何年もこうした仮想現実に慣れてきている。

耳につけたイヤフォーンから出てくるヴァイオリンやトランペットの音は、実はすべて仮想現実な音だ。つまり、ヴァイオリンやトランペットの音を我々の脳が認識して、そのような楽器の音である、と、確認しているだけで、現実にヴァイオリンやトランペットがそこにあるわけではない。今日では、サンプリングといって、生の楽器の音をサンプルとして録音採取し、それらの音の波形をPCが「忠実に」再現することができる。二十年ほども前、ドイツから録音技術者が大挙してウィーンにやってきて、腕のよい奏者を集めて数週間もスタジオにこもっていたのを思い出す。後で演奏家に聞くと、「同じ音ばかり八時間も弾かされた」と言っていた。

こうしてPCが再現して出した音を、我々の脳がヴァイオリンと認識できるのは、我々がヴァイオリンの音を経験的に一応知っているからだ。音楽は脳内で合成される。聴く人の記憶の中にある楽器や声の音を、頭の中で再構成して「聴いている」に過ぎない。

では、将来、記憶の中にそうした音がなくなったらどうなるのだろう。誰も、生のヴァイオリンやトランペットの音を聴いたことがない時代になったら……かつて、友人へのメイルに私はこう書いた。

「それは単にPCでできた音という認識になるだろう。誰が作っても誰が聴いても、音はたくさんあるがどれも同じPCの音。AIの進化が進むと、パレットの絵の具の色を全部混ぜてしまったようなそんなグレーな世界が広がるような気がする」

その「グレー」は早晩ある「規格」となってゆくだろう。そして、人の文化は、洋の東西を問わず、何らかの統一された規格に収斂されてゆく性向がある。

今日では、ほとんどの作曲家が「フィナーレ」や「シベリウス」といった楽譜制作アプリで作曲している。同様に、建築の世界でも、今では、建築設計アプリＣＡＤ抜きで設計をする建築士は皆無だという。そして、当然ながら、ＣＡＤから出力される図面は似通っている。

空を突き上げて建つ集合住宅の合間に、木造の家々がひしめきあう日本の街並みにも、いずれ、ある種の統一感が生まれてくるだろう。十七世紀から十八世紀に完成したウィーンの石造建築のように。その一翼を図らずもＡＩが担っているのだとしたら、ＣｈａｔＧＰＴとのお喋りも称賛に値することになるのだろうか。

ぐるりと思考を回転させてみる。

どの国を訪れても、整然とした石造りの続くヨーロッパの街並みは、実は戦争による略取と犠牲、それに差別や抑圧によってもたらされたものだ。アジア、アフリカ、中南米の植民地からの掠奪抜きに、石畳に建つあの均質な都市は完成しなかった。その戦争行為という蛮行の果てであることに目を向けてみる。

ＡＩはもっと巧妙なやり方で、私たちが気づかぬうちに、私たちをある規格に嵌《は》め、私たちの個の権利を廃れさせ、私たちから創造する自由を奪っていくのではないだろうか。建築設計アプリCADからの出力がどれも似通ったものであるというのなら、私たちの周りに溢れかえっている楽譜制作アプリからの音も、早晩似たものに、つまり規格化されたものに変貌してゆくだろう。

灰色の壁が続く街並み、

消されずに残された落書き、

モノトーンな服で足早に過ぎて行く人々。

本書冒頭の光景が、突然頭をよぎった。なぜ？　ウィーンと日本、どこにも共通点はないのだ。

しかし、整然としたヨーロッパの都市の規格化が、植民地政策という武力でもたらされた結果なら、そしてそれが、街全体を灰色のモノトーンに包み込んでしまったのなら、音楽の規格化も、ＣｈａｔＧＰＴという、情報の集積で私たちを圧倒する力によって成し遂げられるだろう。そして、「音はたくさんあるがどれも同じＰＣの音」の世界ができあがる。音のグレー化は既に始まっているのだ。

灰色の壁に消されずに残された落書きが、なんだかわずかな救いにも思えてくる。車窓越しに見た、太い黄色の蛍光色でＰＵＫＥ！（嘔吐！）と描かれたそれは、全く私の趣味ではないが、見方を変えれば辺りで唯一、人の手によって造られたものだったからだ。誰も消そうとしないそのグラフィティは、きっと、あらゆるものが規格化されてゆく世界に対する、ヒトの抵抗の証なのだろう。

鮮烈な映像となって私の記憶に残った。

# 批判補遺——あとがきにかえて

ようやく落ち着いてあとがきを書こうとしていたら、突然、ＮＨＫで、自動音声によるニュースの朗読が始まった。一気にアドレナリンが上がった。なぜそんなことをするのだ。聞こえてはいるが、内容は頭に入らない。本文中でも触れたが、内容を理解せずに喋るアナウンサーの朗読や役者のセリフは、音楽の内容を理解せずにただただ速弾きしているピアニストと同じで、その内容は頭にも人の心にも入ってこない。そんな、いわば演出の一丁目一番地にあたるようなことが、ＮＨＫにはわからないのだろうか。「ここからは自動音声でお伝えします」などと、平然とアナウンスしているアナウンサーは、何の痛痒も感じないのだろうか。あなたの声が自動音声に変わらなければならない理由など、どこにもないのだ。二つの声を、どうです？　自動音声だとわかりますか？　（わかるに決まっている）とばかりにこれ見よがしに聞かされて、思わず、あのウィーンの壁に描かれたグラフィティが頭に浮かんだ。

ＰＵＫＥ！（嘔吐！）

人間の労働を機械に任せる「自動化」に頭を使うのはよいことだ。だが、自動化された車や工場や音声を開発するのと同じくらいの時間と労力をかけて、自動化することのデメリットは何か、自動化で私たちが失うものは何かを考えることに頭を使うのはもっとよいことである。

そして、仕事を自動化して機械に任すことで、そのメリットを享受するのは、実はＡＩやＣｈａｔＧＰＴを管理する側の、権力という、得体の知れない大きな何か、それを単純に国とか政府とかと特定できない、もっと奥の方にあって、実は私たち自身の欲望ともどこかでつながっている何か、であることに気づくべきである。ＡＩによって自動化された世界で得をしているのは誰か？　あの兄妹の会話のように、その先は？　その先は？　と問い続けて考えることが必要だろう。勿論それと同時にＡＩによって失ったものは何か、それから？　それから？　とひとつひとつ思い起こすことも。

二〇二一年から、ヴァイオリニストの妻糸井マキと共に年間三回、ハレザ池袋でコンサートを開催している（Sunday Morning Concert 主催 Studio EX-HOUSE）。プログラムにはほぼ毎回拙作が含まれる。グラフィティを池袋の高速道路の壁に描く勇気も度胸もないが、コンサートという絶対に自動化できないものを、ささやかながら私たちは手にしているのだ。

演奏は、ソロヴァイオリニストである糸井マキの独奏が主に担っているが、このコンサートでは、私の音楽的資質も開陳される。私に関していえば、このコンサートを聴いて、森本恭正（YUKI MORIMOTO）はこの程度の音楽家であると思っていただいて一向に構わない。逆に、批評のみで、自分では作曲作品もなく、演奏もしない、つまり、自らがどの程度の音楽を持っているのかを公開していない音楽批評家との、明確な差別化を図っているつもりだ。

一方、言うまでもなく、例えば、文芸評論をするのに作家である必要はまったくない。だが、少なくとも評論対象とされる言語を読んだり書いたりする能力なしに、かかる言語によって書かれた作品の評論をするのには無理がある。文芸評論をする者は、自らが書いた文章がどれ程のものか、読者はもとより、作家たちからの厳しい視線に晒されている。

音楽評論において、評される対象は音楽である。

前述の「言語」を「音楽」に置き換えて読み直してほしい。筆者の言わんとするところは自ずから理解していただけるだろう。

補遺が長くなった。

この本の完成まで、私に直観を与えてくれたすべての人とモノに感謝している。わけても光文社新書編集長の小松現氏には、十二年ぶりに突然送りつけた私の原稿を、虚心《きょしん》坦懐《たんかい》に読んでいただいた。重ね重ね御礼を申し上げる。

また、参考文献に関しては、敢えてここに掲載しない。本書は「先行研究」を引用して書かれた論文ではない。先行研究で引用したのは、本文中にも明かしたように、拙著からの拙論のみである。それでも敢えていえば、私の数十年にわたる音楽家としての研究から読んできた楽譜、書物、視聴したヴィデオ、ＣＤ、ＬＰと、きりがない。そういうものをだらだらと、あたかも学識を披歴するかのように「参考文献」として掲載する愚を犯したくない。使用した情報はすべてネット上で公開されている。

最後に、もうひとり謝意を伝えたい人がいる。

音楽の持つ、私などがどうやっても批判できない側面、つまり、多様な思考、物、感覚、繰り返される事象、争い、そして勿論私のように文句ばかり言っているような人間も含めて、それらすべてを呑み込んで、つまり、ここまで私が力の限り訴えてきた十二の批判などもすべて呑み込んで、最後には両手を広げて、その大きな輪の中に入れてしまうような力。あれから何十年も経って、ようやく私はそれに気づいた。もう名前も顔も忘れてしまったが、年齢の割にはハスキーなあの声だけは、はっきり覚えている。

「森本君が入ると合わないわねぇ」と言った、あの少女である。

彼女はしかし、決して私を排除したりはしなかった。

それどころか、ほんとうに楽しそうに、ずっと最後まで、私と並んでリコーダーを吹き続けていたのだ。……確かに、少しズレてはいたけれど。

二〇二三年十二月

森本恭正

目次・章扉デザイン　板倉　洋

森本恭正（もりもとゆきまさ）

1953年東京都生まれ。作曲家・指揮者。東京藝術大学中退。桐朋学園音楽大学、南カリフォルニア大学大学院、ウィーン国立音楽大学で学ぶ。'85年よりウィーンに在住し、「YUKI MORIMOTO」の名で活動。2004年、オーストリア国立図書館主催のコンサート「作曲家の肖像」に日本人として初めて選出され、六十以上の手稿譜が同館に所蔵され現在も続く。'07年及び'08年、ヴィトルト・ルトスワフスキ国際作曲コンクール審査員を務める。指揮者としてはオペラを含むバロックから現代までの作品を指揮。著書に『西洋音楽論』（光文社新書）、『音楽の黙示録』（南博氏との共著、アルテスパブリッシング）がある。'09年より東京に本拠を置く。

日本《にほん》のクラシック音楽《おんがく》は歪《ゆが》んでいる　12の批判的考察《ひはんてきこうさつ》

2024年1月30日初版1刷発行

著　者 ── 森本恭正
発行者 ── 三宅貴久
装　幀 ── アラン・チャン
印刷所 ── 堀内印刷
製本所 ── ナショナル製本
発行所 ── 株式会社光文社
東京都文京区音羽1-16-6（〒112-8011）
https://www.kobunsha.com/
電　話 ── 編集部03（5395）8289　書籍販売部03（5395）8116
業務部03（5395）8125
メール ── sinsyo@kobunsha.com


ISBN 978-4-334-10196-1

1289
## ボロい東京
三浦展

錆、苔、扉、管、看板、郵便受け……。ボロいのに、いや、ボロいからこそ美しい。ありふれたようで失われつつあるボロい風景の数々を、十数年撮りためたスナップから厳選した写真集。

978-4-334-10172-5

1290
## 日本のクラシック音楽は歪んでいる
12の批判的考察

森本恭正

これまで日本で検証されてこなかった「真実」とは——。私たちは何を見逃し、聴き逃してきたのか。作曲家・指揮者が、二十年を超える思考の上に辿り着いて示す、西洋音楽の本質。

978-4-334-10196-1

1291
## 「生命の40億年」に何が起きたのか
生物・ゲノム・ヒトの謎を解く旅

林純一

40億年前に誕生し、姿形を変えながら現在まで連綿と命をつないできた生き物たち。その本質とは一体何なのか。常識を疑った先に広がる、ユニークな生き物たちの世界を描いた意欲作。

978-4-334-10197-8

1292
## 日本のヴァイオリニスト
弦楽器奏者の現在・過去・未来

本間ひろむ

日本におけるヴァイオリン受容史から、「歴史的名器」をめぐる逸話、新世代の弦楽器奏者まで、「楽器に選ばれし者」の物語。【日本のヴァイオリニスト・ディスコグラフィ30】付録付き。

978-4-334-10198-5

1293
## 在宅緩和ケア医が出会った「最期は自宅で」30の逝き方
髙橋浩一

どこで、どのように過ごし、最期の時を迎えるか。希望をどう叶えるか。在宅緩和ケアに取り組んできた医師が紹介する、患者との出会いから看取《みと》りまでの数々のストーリーから学ぶ。

978-4-334-10199-2